성북동 스케치

최연숙

영남대 명예교수

저서 『민담·상징·무의식』
편저 『독일 시선집』
번역서 『동화와 심리치료』, 『아모르와 프쉬케』, 『동화의 행복법』
논문 「횔덜린과 자연」, 「아우슈비츠 이후의 글쓰기」, 「괴테 시와 생태학적 관점」
「그림민담 속의 자연모상과 융의 에로스 원리」, 「동화상의 상징과 동화치료」
「아모르와 프쉬케의 여성성 논의에 대한 비판적 접근」, 「원형 논의의 가능성」 등 다수의 논문이 있다.

전환

왜냐면, 보라, 보는 것의 한계를,
그리고, 보다 크게 본 세계는
사랑 속에 꽃필 것이니.

얼굴의 작업을 끝냈으니,
이제 네 속의 형상들, 저 사로잡힌 형상들에
마음의 작업을 행하라. 왜냐면 네가
그 형상들을 사로잡았으나 넌 아직 그들을 모르기 때문.
보라, 내면의 남자, 네 내면의 소녀를,
수천의 자연에서 얻어낸 것, 비로소 쟁취해낸 것,
아직 사랑받지 못한 형상을.

- 라이너 마리아 릴케 -

한사리 이야기

　한사리 마을 입구에는 수령이 500년쯤 된 왕버들 한 그루가 있다. 나무 밑 비탈길 아래에 개천이 흐르고 있는데, 키 큰 왕버들 옆에 왕버들 두 그루가 더 있다. 마치 엄마 품을 못 떠나 보호를 받고 싶은 듯, 물을 들이키며 함께 나란히 마을 입구를 지키고 있다. 마을의 주인인 듯 방문객에게 고개 숙여 인사를 나누는 것 같기도 하다. 이 개천은 비가 오면 물이 왕버들 수면 가까이까지 거의 차오른다. 평상시에 물줄기는 개천 바닥에서 잠시 쉬어가는 듯 졸졸 흐르다가 청천을 거쳐 금호강과 합류, 드디어는 낙동강에 이르러 남쪽으로 흘러 내려간다.

　500년 전 이 곳이 무척 아름다운 마을이었으리라는 것은 이 나무 하나만 봐도 상상할 수 있다. 옛날 이 곳의 흔적이 더러 남아 있기는 하지만 인간의 손길 따라, 세월의 흐름 따라 바뀐 흔적은 역력하다. 옛 자연의 훼손 여부에 이르면, 우리 인간은 늘 자연의 은덕과 아름다움에 고개 숙여 경의를 표해야 할 것이다. 왕버들이 자리한 그 실개천의 줄기를 타고 올라가다 보면 양 옆으로 마을과 논밭이 있고, 기암과 돌들, 그리고 작은 호수만한 저주지가 있다.

　할아버지는 마을 입구에 조상이 물려주신 집에 사시면서, 위쪽 저수지 너머에 재실 동산재를 지으셨다. 그 동산재도 얼추 백수가 되어간다. 마을 입구에 있는 집에서 재실로 가는 길은 윗마을로 접어

들어서도 한참을 걸어가야 한다. 가는 길목에 놓여 있는 저수지와 개천, 그리고 논밭과 바위들을 구경하다 보면, 할아버지의 걸음도 가볍고 즐거우셨으리라. 아마 여름철이 되면 할머니께서 손수 풀 먹인 모시 적삼과 바지에 도포를 차려 입으시고, 머리에는 시원한 갓을 쓰고 걸으셨으리라. 감태나무 지팡이를 오른 손으로 짚어 가시며, 호젓한 들길, 새처럼 훨 날 것 같으셨으리라.

시동할매라고 불렸던 아빠의 고조모께서는 새벽 4시에 일어나셔서 길쌈을 매셨고, 영천 장날이 되면 그렇게 부지런히 짜신 삼베나 모시, 명주 등을 고조부의 손을 빌어 파셔서 돈이 모이면 그 일대의 땅을 사들이셨다.

> 시동할매라고 불리웠던 그 분은 그렇게 길쌈을 하셔서 부자가 되셨는데, 손도 크시고, 발도 크신 거구의 할매이셨다고 한다. 무엇보다도 집안의 가난을 면하게 하려고 손수 근검절약의 모범을 보이셨다. 본인은 무청시래기로 연명하시고, 남편이 영천 장에 가셔서 손에 거머쥔 돈으로 홍시라도 사오시면 "내가 이것 먹으려고 길쌈질한 것이 아니요." 호통치시며, 그 자리에서 그 맛있는 홍시를 내동댕이치시는 호랑이 아내셨다.

그러나 자손들에게는 가난을 면하게 해주신 고맙고도 위대한 선조 할매로 전설처럼 전해졌다. 시동할매의 부지런함 덕분에 탄탄한 지주 반열에 오르신 아빠의 증조부께서는 그러나 성품 자체가 워낙 넉넉하시고 애린 정신이 강하셔서, 일꾼들의 노동에 대한 사랑과 인간적 대우를 중히 여기셨다.

일꾼들에게 소복이 쌓아올린 흰쌀밥과 넉넉한 먹거리 챙겨주시는 것을 늘 기쁨으로 여기셨다. 그 일대 백리 안 거지들을 일주일씩 한상 잘 차려 먹여 보내는 것도 그 분의 기쁨이었다. 동학농민운동 당시 한사리 집 곳간이 헐리지 않았고, 그 많은 땅을 지킬 수 있었던 것은 선조들의 베풂과 사랑 덕분이었으리라.

  할아버지께서는 부모님께 받은 은혜를 자손들에게 아낌없이 베푸셨는데, 가장 혜택을 받은 분이 할아버지의 큰아드님, 나의 아버지이시다. 할아버지는 큰아들이 학문으로 크게 할 사람이라는 것을 아버지가 태어나기 전에 꿈을 꾸셨기 때문에 이름을 '문환'이라고 지으셨다. 꿈 속에서 이미 작명을 해주었고, 이를 따르셨다고 한다. 할아버지께서는 큰아들이 자신이 좋아하는 성향을 보이는 것을 기특하게 여기셔서 본인의 학문에 대한 열정을 그대로 읽고 지원해주셨다. 일본 유학 시절 등록금 날짜를 하루도 어기지 않고 보내주셨을 뿐만 아니라, 머리를 싸매고 신발을 감추어가면서 일본인을 추월하려고 열공한 덕분에 와세다대학 대학원 경제학부에서 일등으로 졸업하셨다. 그는 우리나라보다 일찍 근대화된 일본에서 자유롭게 외서를 접하고 다양한 학구적 열의와 그 폭을 넓혀갔다. 아버지의 학문적 배경에는 시대적 의미가 짙게 깔려 있었는데, 그것은 그 당시 사람들에게 던져졌던 일제강점기에 싹텄던 아직 근대화를 이루지 못한 조국에 대한 사랑과 민족주의 정신, 아낌없이 지원해주신 부모님에 대한 사랑이었다.

  그의 큰아들이 조국과 후학들에게 학문적으로나 사회적으로 기여할 수 있었던 것은 부모님의 아낌없는 지원이 있었기에 가능했다. 한사리에 사셨던 선조 할매들의 끈덕진 노동의 힘과, 일꾼들의 헌신적인 노동력, 선조 할배들의 일꾼들에 대한 한없는 배려와 베풂, 측은지심, 그것을 근간으로 이루어진 자손들의 학문적 정진과 성취, 이 모든 것은 민족과 가족을 지키고자 하는 사랑과 열정의 혼에 비롯된 것이 아니겠는가.

　한사리 마을에 살았던 사람들, 할배, 할매, 이웃 친척들 거의 다 돌아가셨다. 그 자손들 이제 뿔뿔이 떠나버렸다. 무학산 산소에는 할미꽃만 덩그러니 남았다.

"

　그래도 아직 내게 살아 있다. 할머니 반짇고리 속 가지가지 천조각들과 바느질 도구들, 그것으로 내가 만들었던 천인형들, 장롱의 장식 문양들, 어두움 속에 있던 갖가지 과일과 콤콤하게 풍기던 다락방 냄새, 부뚜막 위 까만 가마솥 뚜껑을 열면 하얗게 피어올랐던 수증기와 꿀맛 같았던 보슬보슬한 흰 쌀밥, 이마에 보송보송 맺혔던 땀방울들. 아궁이 속 활활 타오르던 불길과 재... 그리고 그 키 큰 이태리 포플라 가로수 아래 버스를 기다리고 계셨던, 유난히 키가 작아 보였던 아빠의 외로왔던 옆 모습...

"

　한때는 한사리 사람들 '금호강변의 꽃성 하양'(경산시립박물관)을 가로질러 흐르는 맑은 시냇물소리 들으며, 기름진 흙 속에서 자라나는 나무와 풀, 곡식들 일구어가며, 인간과 자연의 공생 또는 상생을 꿈꾸며, 서로 끼니 걱정, 건강 걱정, 나라 걱정 나누며 사랑하는 마음으로 의지하고 살았건만...

경험이여, 느낌이여, 기쁨이여, 거대하다!
- 라이너 마리아 릴케 -

성북동 01

    내가 성북동이야기를 쓰고 싶은 이유가 있다면, 그것은 누구처럼 성북동이 그 많은 문인들과 예술인들을 배출한 동네라고 알리기 위한 것이 아니다. 단지 내가 내 삶의 어린 시절을 그 곳에서 즐겁게 보냈고, 그 그리움이 아직도 여진처럼 남아있기 때문이다. 그때 보았던 나무와 풀, 꽃들과 집들, 시냇물과 산, 온갖 곤충들, 그리고 당시 만났던 동네 사람들과 아이들은 이제는 이 세상 공간이 아닌 듯 내 기억 속에 살아 남아있다.

> 시간은 흘러갔는데 아직도 남아있는 영상들, 이제는 마치 수채화 물감으로 고운 색깔의 붓칠을 한 듯 어느 면은 짙고 어느 면은 희미하게, 때로는 빈 공간으로 남아있다. 바라보고 있으면 너무 친숙한 내 이야기들 같기도 하고, 미소 지어지는 한 폭의 그림 같기도 하다.

    비가 오면 쪽마루에 앉아 네모난 하늘 처마 끝에서 떨어지는 빗소리를 듣고, 비가 개이면 꿈틀대는 지렁이 춤 솜씨가 신기해 자꾸만 건드리다 시냇가에서 물장구치며 놀다 달팽이 만나면 얼른 손에 잡아 더듬이 숨는 모습 끈질기게 해코지하거나, 개천에서 노는 소금쟁이 긴 다리 수영법 익히다가, 하루에 몇 번이나 모래성 쌓다가 싫증나면 얼른 꽃방망이 들고 개천으로 내려가 세상에서 제일 깨끗한 빨래하는 듯 엄마 흉내 내다가... 하루가 마냥 즐거워 촌음을 아끼며 놀기에 바빴던 시절, 그 시절에는 모두가 나의 친구들이었다. 일부러 만나지 않아도, 서로 이름도 몰라도, 그냥 만났던 그 장소에 가면 언제나 나를 반갑게 맞아주던 친구들, 모습이 사라지면 울먹이며 그리워 아쉬워했던 친구들... 나무, 풀, 꽃, 우물, 자갈돌, 모래, 샘터, 시냇물, 골목길, 함께 놀던 친구들... 이제 다 어디로 간 걸까? 그때 무심코 지나쳤던 사물들... 이제 그들은 내게 새롭게 다가온다. 물과 돌, 바람과 비와 눈, 흙 모두가 내 곁에서 말없이 숨을 쉬며, 말을 걸어온다. 횔덜린의 시세계가 이랬던가?

남은 기억들을 글로 새겨본다. 얼마까지 가고 이어질지, 누가 읽어줄지... 그러나 중요한 것은 쓸 수 있는 시간이 남아 있다는 것, 아직도 기억이 살아남아 있다는 것이다.

오 귓 속의 높다란 나무여!
- 라이너 마리아 릴케 -

성북동 02

　내가 살던 성북동 집 앞에는 작은 개천이 흐르고 있었다. 당시 어린 내 눈에 꽤 넓은 개천이었다. 내가 다시 이 곳을 방문했을 때 개천은 복개공사가 되어 있었고 내 기억 속 너비보다 훨씬 좁았다. 겨울이 오면 얼어붙은 그 개천에서 우리 동네에 살던 아이들뿐만 아니라, 집 뒤편 산동네에 살던 아이들까지 모두 나와 개천 위에서 팽이 돌리기를 하거나, 집안에 있던 낡은 썰매를 끌고 나와 탔고, 신발을 신은 채로 스케이트를 타는 흉내를 내기도 하는 등, 한바탕 신나는 놀이마당이 벌어졌다. 썰매가 몇 대 없으니, 누군가의 썰매를 얻어 타야 하기 때문에 자연스레 선호도에 따라 짝을 지어 손쉽게 얻어 타거나 순서를 기다리기도 했다. 튼튼한 썰매일 경우 인기도가 훨씬 더 높았으리라. 그래서 집에 있던 녹슨 대못을 망치로 팍팍 박아 튼튼한 썰매라고 뽐내는 아이가 있기도 했다. 겨울 추위에 흐르는 콧물을 손등으로 닦아내는 바람에 얼굴에 허옇게 남아 있던 무늬들, 추위에 얼어붙은 붉그레한 뺨에 다닥다닥 붙어 있던 터실터실한 하얀 때들 참 곱기도 했다.

　개천 위에는 작은 다리가 놓여있어 개천 너머에 사는 몇몇 가구의 동네사람들과 오고갈 수 있었다. 우리 집 왼편 쪽으로 또 다른 다리가 있었는데, 보다 크고 튼튼해서 차가 오갈 수 있을 정도였다. 사람들은 이 다리를 은수교라고 불렀다. 그 다리는 당시로는 꽤 고급스런 양옥주택이 빼꼭하게 들어선, 산을 깎아 만든 주택단지 쪽으로 나있었다. 우리 집은 은수교로 들어와 개천을 따라 왼쪽으로 약간

휘감듯 좁은 길을 따라 가다보면 몇 채의 한옥과 양옥이 있었는데, 그 중 한옥 한 채가 내가 어린시절에 살던 집이다.

집에서 걸어 나와 은수교를 지나기 전에 작은 호떡 가게가 있었다. 용돈을 타서 호떡 하나 사서 먹으면 뜨겁게 달구어진 갈색 설탕이 녹아 쪼르르 흐르고, 그것이 떨어질까봐 전전긍긍, 혀를 핥아가며 먹기도 했다. 그 가게에는 마음씨 고운 아주머니 한 분이 연탄불로 호떡을 굽고 계셨는데, 불그레한 얼굴에 미소를 지으며 목에 두른 타월로 흐르는 땀을 닦고 계셨다. 아이들을 무척 좋아하셔서 그런지 아이들이 용돈 받아 사먹을 만한 것들만 진열해 놓고 파셨다. 무엇보다도 하얀색과 하늘색, 연분홍색 눈깔사탕을 한 알 입에 넣으면 입을 다물 수 없을 만큼 커서 입에서 이리저리 굴리며, 사탕이 녹을 때까지 사탕맛을 즐길 수 있었다. 둘째 언니는 카라멜이나 초코렛의 달콤한 맛을 더 즐겼다. 너무나 단 것을 좋아하다 보니, 이빨이 까맣게 썩어 들어갈 정도였다.

> 그 가게 앞쪽으로 『오징어게임』에 나오는 달고나 놀이도 자리하곤 했다. 연탄불에 흑색 설탕을 넣고 젓가락으로 휘저어 달군 다음 각종 문양을 찍어 달고나를 구워내면, 동네 아이들이 쪼그리고 앉아 갓 찍어낸 온갖 문양들, 별, 집 모양 등 혀를 핥아가며 온전하게 살려내느라 시간 가는 줄 몰랐다.

은수교를 너머 큰길가 쪽 왼편 첫 집에는 제법 큰 가게가 하나 있었는데, 거기서는 채소나 과일뿐만 아니라, 생선까지도 팔았다. 은색 갈치나 고등어도 싱싱하게 진열되어 있었는데, '긴따루'라는 생선도 있었다. 약간 붉은색이 강한 분홍색이었는데, 비린내도 나지 않고, 흰 속살이 약간 단향이 나면서 맛있어, 저녁밥상을 기다리게 하는, 내가 유독 좋아하는 생선이었다. 그 가게에서 큰길을 건너면 작은 골목이 있었는데, 그 길을 통과해 약간 가파른 언덕을 넘어서면 보성중고등학교, 또 한참 비탈길을 내려가다 보면 내가 다니던 혜화초등(국민)학교가 나타났다.

> 그 작은 골목길에는 차가 다닐 수 없을 만큼 좁았고, 집들도 다닥다닥 붙어있었다. 그 골목 안쪽으로 두부집 한 채가 있었는데, 아침이면 집에서 직접 만든 김이 솔솔 나는 두부를 팔았다. 아침에 두부를 얼른 사오라는 심부름을 시키면, 나는 김이 솔솔 나는 두부 한 모나, 두 모 정도를 지시받은 대로 냄비에 담아 사왔다. 그 주인이 인심이 후해서 언제나 두부 위에 덮인 하얀 천을 벗기고 큰 칼로 두부를 각진 모로 너끈하게 자른 다음, 비지를 덤으로 얹어주는 바람에 나는 집으로 오는 내내 그 고소한 비지 맛을 맛보았다.

그 두붓집 이웃에는 어느 아주머니가 혼자 딸과 생계를 꾸려가며 살고 계셨다. 그 집에 가면 우리 집에서는 볼 수 없는 미제나 일제 예쁜 그릇들이 많이 있었다. 큰언니는 그 곳에서 예쁜 버터통과 찻잔을 산 적이 있었다. 투명한 뚜껑을 열면 그 안에 버터나 치즈 등을 보관할 수 있는, 아주 환상적인 식기였다. 당시 우리 집 식기로는 주로 놋그릇이나 사기그릇뿐이었다. 그 아주머니는 늘 짙은 화장을 하셨고, 곱게 양장 단장을 하셨다. 언제나 사람들을 반기며 이야기 나누기를 무척 좋아하셨다. 그 길을 따라 걷다 보면 돌계단으로 올라가는 길목 모서리에 집이 한 채 있었는데, 그 집을 사람들은 무당집이라고 불렀다. 평소에는 조용한 집이었는데, 굿판이 열리는 날에는 굿판 구경꾼들이 대거 몰려들었다. 담벽을 넘어 고개를 들어 올려 구경하는 어른들 틈 사이로 나도 구경하고 싶어 발돋움하기도 했다. 꽹과리소리, 북소리, 사람들의 우는 소리를 들은 것 같지만, 높은 담과 내 작은 키 때문에 아무리 발돋움을 해도 구경이 제대로 될 리 없었다. '무당은 칼춤을 추는데, 작두 위를 걸어도 피 한 방울 안 난다'는 이야기, 내가 훨씬 성장한 후 들었던 것 같다.

    그 집을 끼고 돌아 약간 비탈진 돌 계단 위를 허겁지겁 뛰어 올라갔다. 그 길이 내가 초등학교로 가는 지름길이었다.

먼저 느껴라, 그런 다음 생각하라
먼저 넓게 보라, 그런 다음 좁혀가라
야생에서 사랑스럽고 부드럽게
네게 참모습이 나타나리니.

- 요한 볼프강 폰 괴테 -

성북동 03

우리 집 옆집은 동네에서 내가 가장 좋아한 집이었다. 빨간 벽돌 담장 위에 가지가지 색깔의 꽃이 피는 채송화를 심어 놓았기 때문이다. 나는 그 집 바깥에서 그 아름다운 풍경을 즐겼을 뿐만 아니라, 실컷 놀다가 목이 마르면, 그 집 안으로 쪼르르 뛰어 들어가 대문가에 바로 자리한 우물로 향했다. 나는 두레박으로 물을 정신없이 퍼올려 실컷 물을 마시고, 발도 씻고, 온몸에 뿌려대기도 했다. 나뿐만 아니라, 둘째 언니나 동네 아이들 모두 내 집처럼 드나들어도 주인은 한 번도 야단치는 법이 없었다. 그 집 대문은 언제나 열려 있어, 놀이에 취하다 갈증과 더위에 지친 동네 아이들은 본능적으로 그 집을 찾았다. 동네 어디에도 그만한 고마운 장소가 따로 없었다.

그 집 뒤쪽으로 오래된 은행나무 한 그루가 있었다. 가을이 되면 샛노란 은행 단풍이 온 마을을 환하게 밝혔다. 그 집은 일본식 고급 주택이었다. 그 곳에는 나를 수양딸로 삼은 나의 '가짜엄마'가 살고 계셨다. 그 분은 당시 E여고를 나온, 아주 교양있는 인테리 미인이셨다. 6·25 전쟁 시기에 남편을 여의고, 두 아들과 유모와 함께 살고 있었다. 그 유모는 아주 후덕한 할머니 인상을 한 분이었는데, 내가 예뻐서 때때옷을 지어준다고 해 나는 그 분을 '때때엄마'라고 불렀다. '가짜엄마'의 아들들은 나보다 적어도 두 살은 위였는데, 나는 그 집에 딸이 없기 때문에 '가짜엄마'의 수양딸이 되어 아주 후한 대접을 받았다. 나는 눈만 뜨면 한동안 그 집을 드나들었는데, 끼니때가 되면 그 집에서 자주 먹었던 것 같다. 당시는 흰쌀밥에 계란 노른자를 얹고, 그 위에 진간장과 참기름을 얹어 비벼먹는 것이 아주 특별하고도 맛있는 식사였는데, 나는 '가짜엄마' 집에서 그녀의 무릎에 앉아 그런 호사를 누렸다. 두 오빠들에게는 오히려 '가짜엄마'가 엄격하게 꾸짖고, 냉정하게 대했는데, 나는 그 집에 없는 딸이 되었기 때문에 아주 당연한 듯 갖은 혜택을 달게 누렸다.

> '가짜엄마'는 당시 남편을 여의고 언제나 하얀 소복 차림의 한복을 입고 다니셨는데, 외모는 상당히 현대적이고 귀족적인 분위기를 풍기셨다. 그 분은 자신의 친구 집에 놀러 갈 때도 나를 늘 데리고 다니셨는데, 나는 그때마다 엄마 한 분이 늘어났다. '진주엄마', '나이롱엄마' 등등… 어느 집에서는 서구식 정원과 현관문이 있었는데, 그 집 거실에서 나는 하얀 우유를 생전 처음 얻어먹은 것도 같다.

삼선교 근처의 어느 집을 지나치면서 누군가가 '가짜엄마'의 시아버지 집이라고 가르쳐준 적이 있었다. 나는 두어 번 그 분을 뵌 적이 있었는데, 그때마다 그는 말없이 일본식 주택의 창가에 앉아 시선은 바깥을 향해 두셨지만 전혀 무표정이었다. 나는 그 분이 누군가와 말씀을 나누는 모습을 한 번도 본 적이 없었다. '가짜엄마'의 눈빛에서도 나는 그 분과 똑같은, 싸늘하고도 서늘한 표정을 읽을 수 있었다.

그 당시 나의 유일한 소원은 내 동생이 생기는 것이었다. 다들 오빠고, 언니뿐이라, 동생이 태어나면 손을 꼭 잡고 함께 놀고 싶었다. 당시 나의 유일한 친구는 H이었는데, 함께 유치원과 초등학교를 다닌 몇 안 되는 이웃집 친구였다. 그 친구는 유명한 시인 조지훈 선생님의 따님이었다. 상당히 똑똑하고 말도 딱 부러지게 잘해서 나와 함께 잘 놀다가도 언제나 나를 울게 만드는 친구였는데, 내가 그 친구에게 부러운 것은 두 가지였다. 하나는 나에게는 없는, '누우면 눈을 감고, 일으켜 세우면 눈을 뜨는' 서양 인형이었다. 그런 서양인형은 동네 누구도 가질 수 없는 것이었는데, 긴 눈썹 아래 파란 눈을 한, 팔과 다리를 자유자재로 움직이게 할 수 있는, 아주 경이로운 인형이었다. 또 한 가지는 그 친구의 동생 T이었다. 나는 내 엄마에게 매일 동생 좀 낳아달라고 졸랐다. 엄마는 묵묵부답이셨고, 기다려도, 기다려도 동생이 태어나지 않자, 나는 거의 포기 상태로 친구 집에 가서 친구의 동생을 찾았다. 어느 날 아빠가 둘째 언니와 나는 자신이 낳았다는 말씀을 하신 뒤로 나는 아빠가 내 동생을 곧 낳아 주실 것으로 믿고 그 날을 손꼽아 기다렸다. 아빠는 똥배가 많이 나오신 분이셨는데, 나는 누군가에게서 아이를 낳으려면 열 달쯤 걸린다는 말을 들어서였는지, 아빠가 동생을 낳으려면 그만큼 기다려야 하고 지금은 아빠의 배를 보니 여덟 달 반쯤 되었으니 조금만 기다리면 나오려니 하는 셈법을 하기도 했다. 그러나 아무리 기다려도 동생은 태어나지 않고, 나는 T를 만나러 아침에 눈만 뜨면 친구 집으로 달려갔다. 그 집은 집 앞 개천다리를 건너 왼쪽으로 난 두 번째 집이었다. 내가 친구 집 담벽에 붙어서 친구 이름을 크게 불렀다.

"H야 함께 놀자"

여러 차례 외쳐댔다.

"쟤 또 왔어! 문 열어줘라!"

하는 소리와 함께 닫혔던 대문이 끼익 하며 열렸다. 그 집에서도 나는 그 집 최고 어른인 시인의 무릎에 앉아 예의 계란 노른자와 참기름 비빔밥을 얻어먹었다. 물론 친구는 자신의 오빠들 곁에 앉아 식구들과 함께 식사하면서 짜증스럽게 나를 쳐다보았다. 나는 그 집에서 온종일 놀았는데, 놀이 공간은 주로 친구와 순임이 언니가 쓰던 구석방이었다. 나는 친구보다도 착하고 언제나 싱글벙글 웃던 순임이 언니가 더 좋았다.

　조지훈 선생님 댁 내외분과 나의 부모님은 경북 지방의 동향인데다가 6·25 전쟁 이후 함께 약주도 하시고 나라의 앞날도 걱정하시며 덕담을 나누시는, 형제처럼 친한 사이이셨다. 그래서인지 나는 허물없이 그 집을 드나들었다. 내게는 동생이 없는 것처럼 그 친구에게는 언니가 없었다. 내게는 언니가 둘씩이나 있었다. 그래서인지 서로 질투심 같은 감정 같은 것이 있었다. 언제나 그 쪽은 똑똑하게 내 약점을 파고들었고, 나는 어리석게도 울음만 터뜨렸다. 또 하나는 아빠에 대한 경쟁심이었다. 누가 먼저 촉발시켰는지는 아직도 여전히 알 수 없지만, 서로 자기 아빠가 더 위대하다고 우기는 것이었다. 하기야 그즈음의 나이에는 누구나 자신의 아빠가 세상에서 가장 위대하다고 생각한 시기가 아니던가? 우리도 서로 아빠의 유명세를 따지며 경쟁심에 불탔으니, H와의 말다툼을 생각하면, 지금도 웃음이 피식 난다.

　또 한 친구가 기억 속에 남아 있다. H처럼 티격태격한 사이는 아니지만 '선'이라는 외자 이름의 이웃친구였다. 그 친구 집은 우리 집 대문에서 나와 오른쪽으로 개천을 따라 올라가다 보면 방앗간이 있었는데, 그 곳을 지나 오른쪽으로 꽤 올라간다. 그 집은 우리 집보다 훨씬 넓고 컸다. 계단의 높이만도 어린 나의 눈에 엄청나 보였다. 그 집에는 우물도 있었고, 뒤뜰도 넓어 뜰안에서만 놀면서 방안으로 들어가지는 않았던 것 같다. 그 집 우물도 깊어 물이 마르지 않아, 우리는 뛰어놀다가도 목이 마르면 우물물도 마시고, 다시 뛰어놀기를 반복했다. 그렇게 뛰어다니다가 자연스럽게 두 화가님의 작업 모습을 목도하고 호기심에 기웃거리기도 했다. 김기창 선생님과 박래현 선생님이셨다.

> 김기창 선생님은 늘 윗도리는 하얀 내복 바람에, 바지는 한복을 입고 작업 중이셨고, 박래현 선생님은 단아한 한복 차림으로 작업을 하셨던 것으로 기억한다. 두 분은 커다란 대청마루에서 화폭에 먹물을 찍어 큰 붓으로 작업을 하셨는데, 아이들이 뛰어 다녀도 야단치는 법이 없이 언제나 웃으셨다. 김기창 선생님은 농아이시긴 했지만, 인물도 훤하시고 체격도 좋으시고, 건강하셔서 온몸에서 빛이 났다.

나의 넷째 아버지는 세 살 때 고열에 시달리시다가 농아가 되셨는데, 아빠는 넷째 아버지께서 김기창 선생님처럼 화가가 되기를 바라셨다. 그러나 할아버지께서 넷째 아버지가 화가가 되는 것을 탐탁하게 여기시지 않으셨다. 아빠는 동생이 화가가 되지 못한 것을 누누이 애석해 하셨다. 넷째 아버지는 할아버지의 사과과수원을 이어받아 과수원 농사꾼이 되셨다. 언제나 쾌활하셨고, 넷째 숙모님도 우리가 방학이 되어 내려가면 늘 반가와 하시며, 맛있는 사과와 잔치국수 등 조카와 질녀들에게 푸짐하고 아낌없이 베푸셨다.

박래현 선생님은 엄마가 다니는 동네 미장원에서도 자주 마주쳤다. 동네 미용사가 올림머리를 틀어 올리는 동안 재미난 이야기를 쉴 새 없이 들려주셔서 아직도 기억에 생생하다. 재미난 것은 또 있었다. 그 집을 오르내리는 과정이다. 계단이 수없이 연속되었는데, 그 계단을 오르고 내리는 것이 어찌나 재미있었던지… 헐떡거리며 뛰어 오르고, 뛰어 내리고, 시멘트 난간에 엉덩이를 붙이고 순식간에 미끄럼 타고 내려오고, 또 뛰어 오르고… 계단놀이, 스릴 만점이었다.

Part 2

축제

인생이란 이해해야 할 필요가 없는 것,
그냥 두면 축제가 될 터이니
길 걸어가는 아이
바람이 불 때마다 날려 오는
꽃잎들 선물처럼 받아들이듯
매일이 네겐 축제인 것

꽃잎을 모아 간직해두는 따위
아이는 아랑곳하지 않아.
제 머리카락 속으로 기꺼이 들어온
꽃잎들 아이는 슬며시 떼어내고,
사랑스런 젊은 시절을 향해
더욱 새로운 꽃잎을 달라고 두 손 내미네.

- 라이너 마리아 릴케 -

성북동 04

    나는 6·25 전쟁 와중에 피난지 고향땅에서 태어난 피난둥이다. 엄마는 아들 셋을 내리 낳은 후, 딸 둘을 낳으시고, 또 딸을 낳으셨다. 나는 집에서 가장 어린 막내둥이로 태어났다. 엄마는 나를 노산으로 낳으신 후 몸이 안 좋으셔서 집밖에 나가시기보다, 거의 집안에 머물러 계셨다. 낮 동안에도 몸이 아파 누워 계시거나 주무시는 경우가 많았다. 그러나 엄마는 식사 때를 맞추어 일어나셔서 식사준비에 정성을 다하셨다. 그러면 온 집에 활기가 돌았다. 식구들은 매 끼니가 되면 거의 모두 모였고, 가장 적은 수가 모이는 점심 때에도 식구와 손님들의 숫자는 족히 10명 안팎은 되었다. 아빠는 손님이 오면 특별히 겸상을 하는 것 이외에는 언제나 독상이셨다. 나머지 식구들, 오빠들과 언니들은 모두 큰 상에 둘러 앉아 식사를 해야 했다. 안방에는 부엌과 통해 있는 작은 문이 있었는데, 엄마는 그 문 앞에 쪼그리고 앉아서 부엌에서 전달받은 가마솥에 지은 흰 쌀밥과 반찬을 받아 상을 차리셨다. 오빠들은 밥상에 수저와 반찬이 가지런히 놓인 이후에야 밥상머리에 자리해 앉았다. 큰 솥에서 방금 퍼낸 쌀밥과 국이 상에 올려지면 식사는 시작되었다. 엄마는 뜨거운 국이나 찌개를 들어 상에 올려놓으시고는 언제나 뜨거워진 손을 본인의 귀밑을 만지시면서, "아이고 차가버라" 하셨다. 나중에 누군가가 말하기를, 엄마의 이러한 습성은 엄마의 조상 가운데 한 분이 화형을 당하신 적이 있었는데, 그 후 그 선조의 불길을 기념하고 체험하는 가운데 자손들이 자연스레 익히게 된 전통적 습관이라고 했다.

식사 시간은 언제나 떠들썩했지만, 말씀하시는 사람은 거의 아빠 혼자셨다. 아빠는 밥도 맛있게 드시기도 했지만 말씀도 어찌나 열정적이고 재미나게 하시는지 온 식구들 모두 식사 내내 귀담아 듣지 않을 수 없었다. 식사시간이 되면 친척들 이야기나 세상 돌아가는 이야기 등을 늘 들을 수 있었다. 반면 엄마는 함께 식사를 하시기보다 아빠와 오빠들을 위해 상 차리는 일과 식구들 먹이는 것에 신경을 쓰시다가 어느 결에 슬며시 밥상을 비우셨다. 엄마의 음식은 한결같이 정갈한 경상북도 메뉴였다. 음식에 돈을 아끼는 법은 없었고, 미식가인 아빠의 입맛과 영양을 최대한 고려하고, 한참 장성하는 아들들의 영양식에 초점을 맞추셨다. 식구들은 모두 맛있게 먹었는데, 생선구이나, 불고기가 상에 올라올 때면 그 양이 식구수에 비해 턱없이 소량이었기 때문에, 누군가의 젓가락이 움직이는 방향을 의식하지 않을 수 없었다.

> 　당시 김은 참기름을 모서리까지 골고루 바른 다음, 숯불을 피워 올린 석쇠에 구워 상에 올렸다. 양이 많으면 도마 위에 가지런히 올려놓고 크기에 맞추어 먹기 좋게 자른 뒤, 이쑤시개를 가운데 꽂아 흩어지지 않게 고정시켰다. 솥에서 퍼낸 보슬보슬한 흰쌀밥에 김을 얹어 먹으면 어찌나 맛이 있었던지 지금도 생각하면 군침이 돈다. 막내인 나는 유독 김 편식이 심했는데, 다른 식구들도 김이 먹고 싶은데 눈치가 보여 그런지, 우리 식구들 가운데 사촌 오빠는 늘 내게 "너는 김 장사한테 시집갈 거"라며 놀려댔다.

　당시 엄마는 막내인 딸아이의 편식에 신경 쓸 만큼 마음의 여유가 없기도 했겠지만, 최소한 10명 남짓한 먹거리 기호를 엄마 혼자 어찌 다 맞출 수 있었겠는가? 그러나 식사뿐만 아니라 내게는 식사

시간이 그리 즐겁지가 않았다. 좀 더 뛰어 놀고 싶은데도 집으로 들어와 밥을 먹어야 하는 것도 불만이지만, 동네강아지처럼 떠돌며 노는 가운데 들은 동네이야기들을 어른들에게 재미나게 전달하고 싶었는데, 그것이 내 맘대로 되지 않았기 때문이다. 밥상에 모여 앉은 식구들 모두 나보다 나이가 많아 함부로 대하기 힘들었는 데다가 그들은 막내인 내가 어리석고, 약점이 많다는 것을 누구보다 잘 알고 있다는 표정을 지었다. 어찌 해서 말이 헛나가다 보면 금방 지적을 당하거나, 나는 거짓말쟁이로 몰려 조롱감이 되기 일쑤였다. 예를 들어 우리 집 근처에 어느 이웃이 결핵에 걸린 것 마냥 얼굴빛이 유난히 새하얀 모습을 한 분이 계셨는데, 내가 "아마 결핵에 걸린 건 아닐까"하고 걱정 반 상상 반 표현하면, 대번에 꾸지람이 떨어졌다. "말을 함부로 하면 안 된다"는 둥, "조심성이 없다"는 둥, "그 분이 들으면 어쩌라고 그러느냐"는 둥, "계집애가 그렇게 입이 싸면 안 된다"는 둥, … 이런 지적은 마주 앉아 있는 오빠들, 특히 사촌 오빠의 입담에서부터 시작되었다.

물론 이런 식의 입담은 주로 아빠가 부재중일 때 기회를 타 집중되었고, 나에게만 포화된 것이 아니었다. 이런 류의 입담은 주로 얼굴을 맞대야 하는 식사 시간에 주로 진행되었다. 도가 지나칠 때는 우리 세 자매 모두를 눈물바다로 만들었다. 어느 언니는 그냥 눈물만 뚝뚝 흘리다 밥도 못 먹고 떠나고, 또 한 언니는 화를 못 참고 숟가락을 내팽개치고는 울며불며 밥상머리를 떠났다. 그 순간 아무도 우리들을 옹호해주는 사람이 없었다. 엄마는 오히려 기집애들이 참을성이 없다고 우리를 야단쳤다. 그 틈을 타 사촌 오빠는 자신의 승리를 만끽하면서 아주 여유롭고 맛있게 식사를 끝내곤 하였다. 그는 맛있는 것을 우리가 탐할 경우 자신의 침을 발라놓기도 했다. 그런데 집안의 그 누구도 그의 독주를 나무라는 법이 없었으며, 그는 집안 대소사 모임에서도 언제나 친척 아주머니들에게 단연 인기 최고였다.

그 후로 나는 그나마 양적으로 넉넉한 김치에만 맛들이기 시작했으며, 둘째 언니의 반찬 투정에 못 이긴 엄마의 새 메뉴를 몰래 맛보아 가며 눈치껏 나만의 밥맛을 찾아가게 되었다. 그 중에 내게 가장 맛있었던 매뉴는 단연 호박전이었다. 프라이팬에 기름을 두르고 계란을 씌워 바싹 구워낸 호박전은 정말 환상적이었다. 호박의 단맛이 온기를 타고 내 혀끝에서 사르르 녹는 듯했다. 그리고 엄마의 잔치국수 요리 또한 별미 중 별미였다. 장시간 우려낸 멸치국물에 국수를 말아 넣고, 계란 흰자와 노른자 지단을 따로 부쳐 곱게 썰어 얹고, 호박도 정갈하게 썰어 볶은 것을 올리고, 부추도 살짝 삶아 듬뿍 넣고, 김도 살짝 구워 손으로 잘게 부수어 얹고, 소고기 꾸미장과 양념장으로 간을 맞춘 요리, 이 세상에서 그 누구도 흉내 낼 수 없는, 온갖 색깔로 장식된, 엄마표 진국 국수 요리였다. 여름이면 대청마루에 대식구가 둘러 앉아 젓가락 소리를 내며 시원한 국물까지 달달 훑어 마셨다.

어려서 나는 거짓말쟁이로 통했다. 그 시절에 아빠는 나를 늘 데리고 다니셨다. 어느 농장에 초대받아 가실 때나, 고향에 가실 때나, 고궁에 놀러갈 때도 나는 아빠 곁을 지킬 수 있는 유일한 딸이었다. 다른 형제들은 학교를 가야 하기도 해서 시간을 내기 어려운 반면에 나는 늘 놀고 있어, 하시라도 데리고 다니시면서 아빠의 말동무나 길동무 노릇을 할 수 있었으리라. 언젠가 아빠와 단 둘이 조부모님이 사시는 시골 고향을 들린 적이 있었다. 기억나는 것은 아빠와 서울로 돌아오는 기차간에서의 이야기다. 아빠가 왜관을 지나갈 때 창밖을 쳐다보시며,

"너의 외갓집을 지금 지나가고 있다"고 말씀하셨다. 그 때 창밖에는 마침 황소 한 마리가 언덕 위에 앉아 있었다. 내가 아빠에게 말했다.

"어머 외갓집 대문 앞에 황소 한 마리가 앉아 있네요."

아빠는 피식 웃으셨지만 별 말씀이 없으셨다. 나는 아빠와의 여행이 마냥 즐거웠다. 시간이 길게 지나가고 좀 졸릴 만할 시간쯤 되었을 때 아빠가 말씀하셨다.

"이제 서울 다 와 가네."
이 말씀에 나는 이렇게 응답했다.
"그래요 아빠! 이숙이 언니가 오늘도 숙제는 안 하고 집 앞에서 고무줄놀이를 하고 있네요."
아빠는 내게 아무 말씀도 하지 않으셨다.

그런데 나를 데리고 집에 도착하시고, 둘째 언니를 보자마자, 내가 기차간에서 이야기한 것을 웃으시며 말씀하셨다. 아마도 아빠는 내가 말한 엄청난 거짓말에 어떻게 답을 해야 할지 모르셨거나, 웃음을 참느라고 애쓰셨던 것 같다. 그 이후 나는 가족들에게 '엄청 거짓말 잘 하는 인간'으로 낙인찍혀 버렸다. 아마 그 여행이 아빠가 막내딸의 거짓말을 가장 가까운 거리에서 확인한 마지막 시간이 아니었을까 싶다. 그러나 그때 아빠의 말씀 끝에 내가 분명히 확인한 것은 언니가 무한 즐겁게 놀이에 취해서 그 누구에게도 지지 않을 만큼 폴짝폴짝 즐겁게 고무줄을 뛰어넘고 있었다는 사실이다. 게다가 나는 아빠의 비위를 맞추기 위해 한술 더 떠서 언니가 늘 숙제를 안 해서 내가 속이 타들어가는 것으로 인식시키려 했다는 것이다. 사람들은 언제나 언니가 머리는 엄청 좋다고 말했다. 하지만 나에게 언니가 숙제를 전혀 하지 않아 문제가 있다는 생각이 들었다. 어린 나에게는 언니에 대한 걱정 반 사랑 반의 감정이 있었던 것 같다. 그리고 그 감정 속에는 내가 언니보다 숙제를 더 잘 하고 아빠의 걱정을 덜어드려서 훌륭한 딸이 될 거라는 질투심 비슷한 감정이 꿈틀대고 있었을 것이다.

> 그 후 나의 이 생거짓말은 나의 말과 행동을 변화시키는 계기가 되었던 것 같다. 참과 거짓, 생각과 표현, 상상과 현실 등등, 모든 것이 그리 단순하지 않다는 것을 알게 되었다. 다른 사람에게 사실을 알려야 할 때에 내 생각과 행동은 신중해야 한다는 것을 알기 시작한 것이다.

그 시절에 내가 나름 행복했던 시간은 안방 화장대 앞에 앉아 있을 때였다. 거기는 볕이 가장 환하게 잘 들어왔고, 그 쪽 작은 창가에 조그마한 거울이, 그리고 그 밑 벽쪽으로 화장대가 놓여 있었는데, 그 화장대 서랍을 열면 여러 종류의 화장품들이 가지런히 잘 정돈되어 있었다. 오빠나 언니들 모두 다 학교에 가고, 나 혼자 집안을 빙빙 돌아다니다가, 엄마 냄새가 그리우면 으레 그 화장대 앞에 앉았다. 엄마가 쓰시던 코티분 냄새를 끙끙거리며 맡아 보면서 엄마 냄새를 확인하는 것이다. 그러다가 화장품을 몰래 발라보기도 하다가, 드디어 거울 속 표정 놀이에 몰입하게 된다. 슬픈 표정, 웃는 표정, 화나는 표정, 옆얼굴, 코의 표정, 이마 찡그리기 등등… 어른들 앞에서 차마 표현하기 힘든 나만의 감정 표현을 거울 속에서 생생하게 담아 보는 것이다. 아마 어떤 표정은 가족들에게 예쁘고 착한 모습을 보여주고 싶었는지 모른다. 아니면 어른들이 말하는, 어리석고 인물값만 하는, 그런 막내가 아닌 또 다른 모습을 확인하거나, 타인에게 표정을 통해 내 마음을 보다 잘 전달하고 싶었는지도 모를 일이다. 거울 속 나만의 표정 놀이는 어느 순간 내게 '인상파'라는 또 하나의 별명을 달아 주었다. 그 별명은 첫 번째 붙여진 '거짓말쟁이'라는 내 첫 번째 별명보다, 훨씬 더 내 마음에 들었다. 그것은 내 자신과의 즐거운 대화 놀이 끝에 얻어낸 그야말로 인상적인 별명이었기 때문이었다.

성북동 05

    그 당시 내 나이또래 아이들은 엇비슷한 경험을 하기도 했겠지만 나는 취학 전 눈만 뜨면 집밖에서 놀았다. 이웃집에 놀러 다니거나, 집 앞 개천에서 혼자 놀거나, 동네 아이들과 온갖 놀이에 열중했다. 집에서 일하시던 아주머니가 밥상을 다 차려 놓으시고, 이름을 여러 차례 불러대서야, 못이긴 채 겨우 집 안으로 들어왔다.

    봄이 오면 이른 아침부터 아빠의 뒤를 따라 종종걸음을 쳤다. 집에서 멀리 떨어진, 지금은 길상사가 된 삼형제 우물터로 가 생수를 주전자에 담아 오는 것이다. 그 우물터는 넙적한 바위 가운데에 세 군데 홈이 파져 있었다. 크기가 조금씩 다르지만, 가장 가운데 큰 샘에 물이 고이면, 바가지로 살뜰히 물을 퍼 주전자에 담았다. 봄이 되면 길가에 피어있는 가지각색의 나팔꽃을 바라보고 걷다가, 어느새 우물터에 도착하기도 했다. 우물터 주변에는 꽃이 흐드러지게 피어 있었다. 개나리꽃, 진달래꽃, 버들강아지를 나는 가지가지 꺾어 집으로 안고와 꽃병에 가득 담아 놓기도 했다. 꽃병은 비록 깨어지고 검고 컸지만 나는 마냥 좋았다. 그때 보았던 꽃들은 아직도 봄이 되면 피고 여전히 지겠지만, 당시 시시각각 변하는 나팔꽃의 변화무쌍한 모양과 색들을 생각하면 지금도 내 가슴을 설레게 한다.

나의 놀이터는 한군데 더 있었는데, 지금의 간송미술관이다. 그 곳은 당시 아이들이 맘껏 들어가 놀 수 있는 자유로운 공간이었다. 그 곳에 가면 나는 해태를 탔다. 마치 말을 탄 영웅인양 해태가 나를 싣고 어디론가 달리고 있다는 상상을 하기도 했다. 그러한 놀이에 지치면 해태 주변에 무수히 떨어진 도토리를 주어 주머니에 쑤셔 넣거나, 맞닿아 있는 성북초등(국민)학교 철조망 담장 사이사이로 손을 쑥쑥 집어넣으며 놀기도 했다. 지금 생각하면 아찔한 장면인데, 왜냐하면 그 철조망은 건드리면 휘청거려 전혀 안전하지 않았기 때문이다. 그러나 지금 생각해도 그때 그 놀이만큼 짜릿한 긴장감 도는 경험도 흔치 않았던 것 같다.

　이런 경험들은 마치 영화의 어느 장면처럼 가끔 펼쳐졌다가 지나가곤 한다. 시간이 지나도 잊혀지지 않는 장면들 아직도 생생하다. 어느 날 나는 혼자 집밖에서 놀다가 삼형제 우물터 쪽으로 올라갔다. 집 안팎에서 내 유일한 보호자였던 둘째 언니가 내 곁에 없었던 기억으로 보면 아마 언니는 학교를 다니기 시작할 무렵이었던 것 같다. 그날따라 날은 흐리고, 함께 놀던 친구도 없고 해서 나는 지금의 길상사 쪽으로 방향을 틀었던 것 같다. 간송미술관 뒷터쯤 갔었을까? 당시 아직 울타리가 쳐져 있지 않아 경사진 비탈길에 잡풀만 무성했다. 날이 흐려서 그런지, 아니면 날이 추워져서 그런지 풀들이 누런 회색빛을 띠고 있었다.
　그때 놀라운 일이 벌어졌다. 어떤 아주머니가 내 눈 앞에서 배를 움켜쥐고 고통스럽게 나뒹굴고 있었다. 생전 처음 보는 모습이라 무섭고 놀랐다. 도와주기는커녕, 먼 발치에서 놀라 눈을 떼지 못했다. 그때 순식간에 사람들이 모여들어 바삐 움직이기 시작했다. 어떤 어른은 커다란 솥 하나를 어디서 가져왔는지, 주변에 있는 큰 돌을 모아 그 위에 솥을 올려 불을 때고, 어느 분은 개천으로 내려가 물을 떠다가 솥에 부었다. 그 순간 진통하던 아주머니는 누군가가 어디로 데려갔는지 모습이 보이지 않았다. 나는 그 뒤의 진행 상황은 알 수 없었다.

　나는 얼떨결에 집으로 들어왔다. 아무에게도 이야기를 털어 놓지 못했다. 아주머니가 나이가 좀 드신 분 같았고, 옷차림으로 보아 거지 신분이 아닌가 하는 생각이 들었다. 그 솥에는 아이를 낳는 분들에게 드리는 미역국이 끓고 있으리라는 분석 비슷한 생각도 한 것 같다. 아빠는 나를 '동네강아지'라고 부르셨는데, 내가 동네를 하루 종일 휘젔고 다니다가, 식구들에게 동네 이야기를 죄다 쫑알거려댔기 때문일 것이다. 그러나 나는 그 날 본 일을 아무에게도 말하지 못했다.

> 　그런 내가 첫 아이를 낳을 때 한 번도 생각나지 않았던 그 여인의 옆모습이 묘하게도 희미하게 떠올랐다. 인류와 함께 한 잉태와 출산의 고통을 그때 나는 어린 나이에도 어렴풋이 인지했던 걸까? 그 여인에 대한 궁금증은 마치 영화의 한 장면처럼 잊혀지지 않고 내 기억 속에 살아남아 있다. 그 여인은 그때 살아남았을까? 아님, 아이를 낳다가 잘못 된 것은 아닐까? 그 아이가 태어났다면 아직 살아 있을까?

　내가 당시 취학 전 어린 나이였을 때, 당시 성북동 집에는 거지, 문둥이들이 수시로 대문을 드나들면서 동냥을 구하고 다녔다. 삼선교 다리 밑에는 거지들이 떼 지어 모여 살았고 빈 양철통을 들고 먹을 것을 동냥해가며 목숨을 부지하던 때였다. 다리 한 쪽이 잘려 나갔거나 거동이 불편한 상이군인들이 목발을 짚고 동네에서 구걸을 하고 다니기도 했다. 우리 집 계단을 버겁게 목발 짚고 올라와, 무엇이 못마땅한지 소리를 내지르고, 목발을 휘두르며 행패를 부리기도 했다.

그 여인은 대체 어디서 온 것일까? 성북동 산동네에 사시던 분이라면, 굳이 이 곳까지 와서 아이를 해산하실 리 없을 텐데... 외지인인데도 동네분들이 일사천리로 움직인 것인가? 그 솥에는 미역국이 끓고 있었을까? 그냥 개천물을 끓인 걸까? 왜 그 아주머니는 그 비탈길에서 자신의 배를 움켜쥐고 나뒹굴었을까? 왜 그 아주머니를 생각하면 아직도 내 온몸이 저려오는 걸까?

나는 생각하면서 비교하노라,
느끼는 눈으로 보고,
보는 손으로 느끼노라.
- 요한 볼프강 폰 괴테 -

성북동 06

    어린 시절 내가 사는 이 곳은 자하문 밖이고, 저쪽 자하문 안에는 자두밭과 능금밭이 많다는 말을 들은 적이 있었다. 그래서 나는 저쪽 자하문 안에서는 내가 좋아하는 자두나 능금을 실컷 먹을 수 있겠구나 생각했다. 사람들이 가리키는 방향은 성 너머 한참을 가야 할 것 같았지만, 나는 그 곳을 늘 가고 싶었다. 비가 그치면 그 쪽으로 무지개가 뜨기도 했다. 무지개 뜨는 저 언덕 너머에는 빨간 자두나 능금이 가득 열리는 매우 아름다운 곳이 있다는 생각을 했던 것이다.

    놀이에 푹 빠져 놀다가도 가끔 나는 그 쪽을 바라보면서 그 곳에는 또 다른 세상이 있을 것이라는 생각을 했다. 그리고 거기에는 자하문이라는 성문이 있고, 그 문이 열려 간신히 들어가면 미지의 집에 사람들이 살면서 과일들을 풍성하게 먹을 수 있는 무릉도원이 있다고 생각했다. 그때는 성터 이쪽 편 밑으로 가파른 언덕이 있었고, 그 언덕길 따라 집들이 옹기종기 붙어있는 것을 알지 못했다. 몇 년 전 시인 만해 한용운선생님이 말년에 머무시다 돌아가신 심우장에 들린 적이 있었다. 그 위쪽으로 북정마을이 성터 한편에 자리한 것을 본 적이 있다. 어릴 때는 그 곳에 가본 적도 없었고, 성터를 눈여겨 본 적도 없었던 것 같다. 그 성터 쪽으로 반원의 무지개가 몇 번인가 떴을 때, 나는 내가 이 세상에서 볼 수 있는 가장 고운 색을 보았던 것 같다.

어느 날 저녁 무렵 나는 은수교 근방에서 놀고 있었는데, 문득 고개를 드니, 어떤 여인이 고운 한복을 입고 우아한 걸음으로 간송미술관 쪽에서 삼선교 쪽으로 걸어 내려오는 모습이 보였다. 그 여인을 보는 순간 내 눈에는 그 분만 환하게 보이고, 다른 사람들은 보이지 않는 착시현상 같은 것이 있었다. 어린 내 눈에 그 분이 입은 한복이 무슨 색인지 정확히 기억나지는 않지만 아주 고운 연하늘빛을 띠고 있었던 것 같다. 그 분이 어디로 가는 걸까 조금은 궁금했지만, 나는 저녁 시간이 되어 집으로 돌아갔다. 그 후로 그 분을 은수교에서 다시 본 적은 없었다.

> 초등학교 2학년 때였다. 나는 우리 반 친구들과 잘 어울려 성북동 일대를 누비고 다녔다. 반 친구 가운데 약간 다리를 절지만 만나면 항상 웃으며, 언제나 마음을 편하게 하는 아이가 있었다. 그 아이는 인기가 좋아서 반장으로도 뽑힐 정도였다. 하교 길에 그 아이와 나는 집으로 오는 길이 같았기 때문에 함께 손 잡고 걷다가 보성중고등학교 정문 근방에서 헤어져 각자의 집으로 달려가곤 했다. 어느 날 그 아이가 자기 집에 친구들을 초대해서 나도 놀러 간 적이 있었다. 그 아이의 집은 성터로 난 언덕길 맞은편에 위치해 있었는데, 친구의 집도 약간 언덕을 올라가야 했던 것 같다.

그 날은 날도 따뜻하고 신나기도 해 장시간 그 집에서 놀았다. 집으로 돌아갈 시간이 되어 내려오는 길에 어느 집 문이 열려 있어서 나는 잠시 그 안을 살피게 되었다. 그 집은 친구 집보다 작았고, 방과 부엌만 딸린, 조금 가파른 곳에 위치해 있었는데, 툇마루에 한 여인이 걸터 앉아 있었다. 그 옆에는 그 여인의 엄마쯤 되시는 할머니가 마루에서 걸레질을 하고 계셨다. 그러나 그 여인은 청소 따위에는 관심도 없고, 기운도 없는 듯 맥없이 마루기둥에 기대어 피곤에 쩐 모습으로 앉아 있었다. 세상 살맛이 전혀 없는 모습이었다. 나는 잠시 그 분을 보면서 바로 내가 은수교에서 본, 한복으로 화사하게 단장한, 세상에서 가장 아름다운 여인의 모습으로 내게 비쳐졌던, 바로 그 여인이라는 생각이 스쳐지나 갔다. 왜 그런 느낌이 들었는지 잘 모르겠으나 그녀의 얼굴을 보는 순간 내 상상의 그물망이 쳐진 것일 것이다. 그 여인에 대한 인상은 내게 아직도 뚜렷한 여성적 존재감을 띠며 남아 있다.

  당시 성터 바로 아래쪽에도 집들이 많았지만, 길을 건너 조금 덜 가파른 맞은 편 언덕에도 집들은 옹기종기 빼꼭했던 것 같다. 나는 그 언덕에서 어느 날 나의 초등학교 6학년 담임 선생님이셨던, 호랑이 강선생님께서 자기 아들을 업고 뛰어가는 모습도 보았고, 우리 집을 자주 드나들었던 아빠의 수제자, S선생님이 나와 친했던 친구 집에서 하숙하고 있는 모습도 보았다.

뿌리, 아무도 본 적이 없는 숨겨진 샘.

- 라이너 마리아 릴케 -

Part 3

작은 집

자그마한 약초들이 가득한 땅
시골로 가자
내가 원하는 것은 단단한 땅
수많은 녹색 식물들 뿌리
매듭처럼 묶인
마치 침낭처럼 탄탄한 땅
톱으로 나무를 베고
돌로 쌓은
작은 집

하얀 벽에는
석양 비치고
우물 안에
달빛 비치는
작은 집

바다 위 비출 때
부서지던 달빛
우물 안에 고이 띄워
내 얼굴 비춰 볼 수 있는
작은 집

사과나무 한 그루,
올리브나무 한 그루 옆
어느 사냥꾼
무심히
지나가듯
바람이 스쳐가는
작은 집

- 힐데 도민 -

성북동 07

　내가 살던 한옥 집은 디근자형이었는데, 작은 문간방 옆으로 대문이 나 있고 그 옆으로 지하실과 그 위로 장독대가 있어, 전형적인 소규모의 한옥집 ㅁ형구조를 띠고 있다고 해야 할 것이다. 네모난 마당을 둘러싸고 4개의 방과 부엌이 있었다. 그래서 우리 식구 모두 방문만 열면 언제나 얼굴을 맞대고 바라볼 수밖에 없었다. 길가 쪽으로 난 제일 큰 방은 아버지의 서재 겸 주무시는 방이었으며, 안방과 아빠의 방 사이에 있는 대청마루에도 책들이 즐비했다.

　안방은 엄마의 공간이긴 하지만, 가족들의 식사와 친인척 손님 대접이 늘 안방에서 이루어졌다. 안방에는 다락이 붙어 있었고, 엄마는 수시로 이 다락방에다 각가지 물품들을 보관하시거나 저장해두셨다가 꺼내 쓰셨다. 다락에는 두서너 개의 궤짝도 있어 엄마 나름의 분류방식에 따라 정리되어 있었다. 놋그릇들, 병풍, 돗자리 등 제삿날이 되면 꺼내 쓰는 것들이 보관되어 있었고, 먹거리에서부터 반상기, 제기, 그릇 등에 이르기까지 우리 집에서 가장 다양한 물품들이 비치되어 있었다. 다락방은 엄마만의 가장 내밀한 비밀공간이기도 했다.

　어린 나도 식구들 몰래 숨길 것이 있으면 다락방을 찾았다. 다락방에는 햇빛 드는 방향으로 작은 창문이 있어, 환풍도 할 수 있었고, 그 창문으로 햇살이 들어와 대낮에는 환했다. 언젠가 엄마가 자신이 익힌대로 견과류를 넣은 초코렛을 만들어 다락방 창가에 올려놓으신 적이 있다. 나는 그 다락방 창문을 볼 때마다 엄마가 언제쯤 그 맛있는 초코렛을 또 만들어주시나 하고 마냥 기다렸다. 하지만 그 후로 한 번도 그 엄마표 맛있는 초코렛을 맛볼 수 없었다.

　엄마는 그 많은 식구들 이불빨래를 철마다 하셨는데, 며칠에 걸쳐, 큰 행사처럼 진행하셨다. 이불 홑청을 뜯어내 큰 솥에 삶아, 풀을 먹여서 말리는 작업은 마당에서 이루어졌다. 그 좁은 마당에는 흰색 광목 홑청이 펄럭거렸다. 이런 날은 햇볕 좋고, 남자들이 외출 중인 날을 택해 조용히 진행되었다. 다 마르면 대청마루에서 마무리 작업을 하셨다. 대청마루는 집에서 가장 면적이 넓고 길었기 때문에 작업이 가능했다. 엄마는 풀을 쑤고 먹인 후 잘 말린 하얀 홑청을 양쪽으로 밀고 당겨서 모서리까지 살뜰히 편 다음 반듯하게 접치셨다. 그 위에 깨끗한 다른 흰 천으로 감싼 다음 오랫동안 양발로 그 위를 자근자근 납작하게 될 때까지 오랫동안 밟으시고, 다시 길게 펼치셨다. 사람들이 부족할 때는 나도 호청의 한쪽 구석을 붙들고 씨름했는데, 안간 힘을 썼지만, 밀고 당기는 힘이 딸려서 엉덩방아를 찧고 나뒹굴게 되면 혼줄이 나기도 했다.

> 　다음 작업은 다듬이질과 방망이질이다. 입에 물을 머금고 있다가 마른 천에 훅훅 불어 뿌리고 나면 화로 숯불에 미리 달구어놓은 인두로 다림질이 시작되고, 디딤돌 위에 홑청을 올려 놓고 두 개의 방망이로 박자 맞춰가며 온 집이 울리도록 끊임없이 두들겼다.

이런 일들은 순서에 따라 경건하게 진행되었다. 홑청 다림질이 다 마무리되면 깔끔한 호청 위에 솜요나 이불을 올려 놓고 싸이즈에 맞게 접어, 비교적 긴 바늘로 자로 잰 듯한 단정한 바느질 작업이 이어졌다. 이때 어른들 손가락에는 늘 각가지 색의 골무가 끼워져 있었다. 바느질은 서로 나누어 하면서 누가 빨리 여물게 하나 내기시합하듯 진행되었다.

엄마는 어린 시절 딸들의 머리를 손수 감겨 주셨는데, 어린 딸들을 차례로 자신의 무릎에 꼭 끌어안고 마당에 놓인 대야에 끓인 물을 찬물에 부어가며 머리를 아래쪽으로 내려 우리들의 머리카락을 한없이 헹구어내셨다. 결국 우리가 몇 차례 발버둥 치면서 울먹여서야 겨우 목에 두른 하얀 수건으로 말끔히 닦아내셨다. 목욕탕에 가서도 씻고, 씻고 한없이 씻겨서 기운이 다 바닥이 날 정도가 되어서야 목욕탕 문을 나설 수 있었다. 홀로 남아 사시던 큰고모님 생신 날 초대받아 간 적이 있었다. 그 집에서 가장 눈에 띠는 것은 뽀얀 행주와 걸레들이었다. 하얗게 잘 정돈된 채로 한 켠에 소복이 쌓아 두셨다. 누구였을까? 이런 하얀 문화를 전수한 조상 분은?

아침이 되면 온 식구가 부산하게 움직였다. 마당에 있는 펌프에 물을 부어 여러 차례 힘들게 펌프질한 끝에 물을 퍼올린 다음 양치질하고 세수를 하기 시작했다. 언제나 10명 정도는 상주 인원이었고, 이외에 지방이나 먼 고향에서 올라온 친척과 지인들, 방문객들로 온 집이 북적대서 사람들은 우리 집을 '무명여관'이라고 불렀다. 친척들일 경우 으레 식사 대접은 해야 하고, 아버지의 지인일 경우, 술상을 함께 차려야 했으며, 거의 매일 이러한 모임은 밤 늦은 시각까지 벌어졌다.

나는 6·25 전쟁 직후 찾아온 손님들이 들려주는 여러 이야기들에 늘 귀 기울였다. 친척들의 생사 여부나, 살아가는 정황들이 생생한 육성으로 전달되었다. 6·25 전쟁 이야기들이 줄을 이었다. 어떻게 고향 가는 피난길에 올랐으며, 가는 과정에 누가 철없이 엄마 속을 많이 썩였다느니, 어느 친척이 겁을 먹고 혼자 문경새재까지 걸어갔는데, 누군가가 어디에서 찾았다느니, 조상님의 은덕으로 운좋게 살아남았다느니, 인민군이 지푸라기더미에 숨어있는 둘째 고모부님을 찾으려고 칼을 여러 차례 찔러댔지만, 다행히 목숨은 건졌으나, 그 이후 심각한 후유증에 시달리다가, 결국 둘째 고모님이 고모부님 병 간호하시다가 돌아가셨다는 이야기, 둘째 고모는 아빠가 특별히 총애하는 여동생이었는데, 할아버지 몰래 집 담장을 타고 내려오게 해 담장 밑에 기다리고 있던 아빠가 기차역까지 업고 대구로 통학시켰다는 이야기, 반면 큰고모는 학교에 간절하게 다니고 싶었지만, 맏딸이라 할아버지 눈을 피하지 못해 학교를 다니시지 못하고, 부모에게 드릴 약탕기 옆에서 숯불을 죽이지 않으려고 부채질하며, 책을 읽고 또 읽었다는 이야기, 성북동 옆집에서는 지하실에 온 가족이 숨죽이며 숨어 있었는데, 그때 아이가 울었으면 발각이 났을 터인데, 집안을 살리는 효녀라 가족을 살렸다는 등, 이야기는 꼬리에 꼬리를 물고 이어졌다. 전기불이 자주 나가던 시절이라 촛불을 켜게 되면 분위기는 더욱 고조되었다.

 6·25 전쟁 때 고향에서 태어나 성북동으로 올라와 어린 시절을 보내고 있었던 나는 당시의 전쟁 상황을 성북동 산동네를 배경으로 상상하곤 했다. 인민군이 찾아왔을 때 아빠와 아빠의 지인들이 함께 숨어 있었다는 곳이 산동네의 여긴가, 저긴가? 이 곳에 폭탄이 떨어져서 이 사람들은 이렇게 천막 속에서 살게 되었는가? 그러다가 발각되어 납치당한 곳이 여긴가 저기인가... 우리 집 옆 골목으로 한옥 두 채가 있었는데, 그 위로는 골목길이 끊어졌다. 길이 끊어진 것이다. 길이 끊어져 곧장 산동네였고, 그 곳에는 사람들이 다닐 수 있는 돌계단이 몇 개 놓여 있을 뿐이었다. 비탈길 위로 천막집들이 몇 채 있었고, 풀도 나무도 없는 황무지처럼 황량했다. 당시 내가 살던 집에서 얼마 떨어지지 않은 곳이 그랬다.

성북동 08

    성북동 산동네와 우리 집을 이어주는 분은 '동태엄마'였다. 병약한 엄마가 일하는 아주머니를 끼고 사시면서도 대식구 먹거리 마련에 손이 딸리면 산동네에 사시는 분의 손을 빌렸다. 이삼백 포기의 김장을 해야 할 때나, 한해 열세 차례 치러야 하는 제사를 모실 때나, 시장보기 등 기타 여러 심부름도 있었으리라. 그 분은 내 학교 소풍날에도 엄마의 대타 학부모 신분으로 가시기도 했다.

    초등학교 일학년 때 나는 창경원으로 첫 소풍을 갔다. 엄마는 그때 고운 한복과 흰 고무신을 신으시고, 맛있는 김밥과 음료수, 그리고 약간의 간식을 정성스레 마련해 오셨다. 소풍날이 오면 나는 그 전날 잠이 오지 않았다. 소풍가방에 담을 과자나 음료 등을 꺼냈다가 다시 넣었다가 하면서 흥분을 감추지 못하고 서성거렸다. 내가 소풍 가는 날은 늘 비가 왔는데, 비 좀 오지 않게 해달라고 밤새 두 손 모아 빌었는데도 아침에 비가 오면 얼마나 하느님이 미웠는지 한없이 슬퍼서 자꾸 눈물을 흘렸다. 비에 상관없이 그래도 엄마가 김밥을 말아주실 때면 그 옆에 쭈그리고 앉아 김밥의 끄트머리 몇 개를 아침밥으로 때우고 난 뒤, 가지런히 김밥을 도시락 통에 담아 비가 그치기를 간절히 기도드리기도 했다.

    엄마가 소풍 오신 그 날은 날도 무척 눈부시게 화창했던 데다가 엄마와 나만의 첫 소풍 나들이였기 때문에 나의 설레는 마음은 이루 말할 수 없이 두근거렸다. 학생들은 학교에 모두 미리 집합해 선생님을 따라 줄을 맞추어 창경원으로 떠났다. 엄마들은 소풍가방을 들고 아이들 뒤따라 혜화동에서 창경원까지 걸어들 가셨으리라. 점심시간이 되어 다들 엄마와 함께 김밥 먹을 시간이 되었다. 다른 아이들은 모두 엄마와 손잡고 자리를 깔고 즐겁게 먹고 있었다. 엄마의 모습은 좀처럼 나타나지 않았다. 담임선생님께서는 엄마가 없는 아이들을 챙겨 자신의 옆자리에 앉히게 한 다음 위로를 하시며, 함께 김밥을 먹자고 하셨다. 나는 김밥을 먹기보다 눈물을 참느라고 이를 악물었다. 한참 시간이 흐르자, 멀리서 엄마가 그 예쁜 한복과 흰 고무신, 그리고 한없이 느리게 걸어오시는 모습이 보였다. 나는 엄마를 보자 참았던 눈물을 터트렸다. 엄마 품에 달려들어 참았던 눈물을 쏟아내며 엉엉 소리를 내 울고 말았다. 김밥은 어떻게 먹었는지조차 기억나지 않는다. 그 후 엄마는 한 번도 내 소풍에 오신 적이 없고, 그 자리를 '동태엄마'가 차지하게 되었다. '동태엄마'에게는 아들이 둘 있었는데, 그 중 큰 아들의 이름이 동태였다. 언제나 서글서글하고 마음씨 착한 분이었지만 나는 그 분이 내 소풍날 엄마를 대신해서 오시는 것이 너무 부끄러웠다. 다른 엄마들은 보다 젊고, 예쁘게 화장을 하고, 몸단장도 신식이었는데, '동태엄마'는 그렇지를 못했다. 아마 아들의 소풍날과 겹쳤을지도 모를 일인데, 차마 엄마의 부탁을 뿌리치지 못해 아랫동네 아이의 소풍날 엄마 노릇까지 하셔야 했으니 얼마나 마음이 편찮으셨겠는가.

　그 시절의 엄마들은 남아선호 경향이 강했고, 아들을 낳을 때까지 딸들을 낳았지, 딸을 낳기 위해 아들 여럿을 낳았다는 이야기는 들어본 적이 없다. 내가 막내딸로 태어나, 엄마는 못내 섭섭하셨던 모양이다. 엄마는 내게 "아들로 태어났으면 얼마나 좋았겠는가?" 하고 여러 번 말씀하셨다. 엄마가 딸 둘로 만족하셔야 했는데, 아들이 아닌, 또 딸을 얻었으니 실망하셨던 것이다. 당시 분위기에 딸아이를 연속적으로 낳은 것은 여자로서의 부끄러움이셨을 것이다. 그리고 여성의 삶이 그리 녹녹하지 않다는 사실을 잘 인지하고 계셨기에 그런 내심의 말씀을 드러내지 않으셨나 싶다. 엄마는 피난 중 고향에 있는 시부모 집에서 나를 낳으셨기에, 그것도 노산이기에 몸이 몹시 안 좋으셨다. 그런 나도 어려서 병세 가지는 달고 살았고, 거의 죽으로 연명했던 것 같다. 그러나 엄마는 이런 말씀도 남기셨다.

> "너를 너무 힘들게 낳았는데, 딸아이를 낳았다는 소리를 듣고 섭섭한 마음이 들었는데, 그래도 고개를 돌려보니, 아이가 훤하더라."

　이런 말씀은 그래도 아빠가 부산에서 강의 핑계를 대시며, 셋째 딸을 낳았다는 소식을 전해도, 만 한 달만에 오셔서 동사무소에 가 출생신고를 하셨다는 이야기를 듣는 것보다 덜 섭섭했다. 어느 여름날이었다. 너무 더워서 잠을 이루지 못하다가 어느새 잠이 들었다. 엄마 옆에는 내가, 내 옆에는 나의 둘째언니가 서로 뒤엉켜 잠이 들었던 것 같다. 그런데 잠결에 이상하게 어수선한 분위기를 느꼈다. 바로 옆에서 잠자던 언니가 이불 속으로 숨자고 했다. 잠시 이불 속에 숨어 있는데, 엄마의 울부짖는 소리가 들렸다. "도둑이야 도둑!" 그때는 한여름이라 안방 창문을 열고, 발을 쳐두고 잠이 들었는데, 엄마는 그 발에 시커먼 그림자를 보고, 너무나 놀라 소리를 지르려고 했으나 목소리가 나오지 않았다고 하셨다. 도둑이 발 아래 놓여있던 라디오를 손으로 잡아채자 너무나 놀란 엄마는 못 가져가게 하려고 전기줄을 잡고 실갱이를 하셨던 모양이다. 내가 엄마를 보았을 때 엄마의 손에는 피가 흐르고 있었고, 도둑은 이미 라디오를 훔쳐 달아난 뒤였다. 엄마는 그제서야 소리를 내질렀고, 그 소리에 온 집안사람들이 잠에서 깨어났다. 건너방에서 아빠가 나오시고, 오빠들도 움직이기 시작했다. 아빠가 마루에 있는 의자에 올라 북쪽 창문 밖을 보니, 또 다른 한 사람이 있었는데, 군복을 입었다고도 하셨다. 상황이 급박하게 돌아가고, 아빠는 대문을 열고 도둑을 잡자고 나서셨다. 오빠들도 신발을 신고 나가려고 했다. 그런데 오빠들은 잠에서 덜 깨어서 그런지 신발끈만 만지작거리며 미그적거리다가 결국 모두 밖으로 나갔는데 오래지 않아 모두 집안으로 들어왔다. 도둑이 산동네 어디론가 이미 가버렸다고 말했다. 아마 산동네로 줄행랑쳤으니, 찾을 수 없는 노릇이었을 것이다.

   얼마 후 도둑이 담 너머 도망갔으리라고 본 그 담장에는 굵게 철사망이 쳐지고, 도둑이 함부로 들고 갈 수 없을 만큼 무거운 전축 한 대가 안방이 아닌, 대청마루 한 구석에 자리했다. 그래서 사건이 난 후 얼마 지나지 않아서 라디오를 잃은 허전함은 곧 사라졌던 것 같다. 이 전축과 함께 서양 클래식 음악 감상이 집에서 가능해졌는데, 가장 즐겼던 분은 둘째 오빠였다. 둘째 오빠는 그 당시 서울대 의대생이었는데, 우리 집에서 선구적 클래식 마니아였다. 아직도 가끔씩 둘째 오빠의 모습이 떠오른다. 벽에 등을 대고, 두 눈을 감고, 명상에 잠긴 듯, 두 손을 포개고, 다리를 축 늘어뜨린 채, 전축 가까이에 앉아 베토벤의 『운명 교향곡이』나 『전원 교향곡』에 몰두했다. 그러면 식구들 모두 발걸음 소리를 죽이거나, 말소리를 줄여야 했다. 의학 공부로 피곤에 지친 오빠를 위한 가족들의 배려였다.

   그러나 아직도 내 기억 속에는 엄마가 내지르셨던 공포의 소리와 손에 묻은 핏자국이 선명히 남아있다. 그때 엄마의 상처를 누가 어떻게 치료해주었는지, 엄마의 공포를 누가 어떻게 달래주었는지 나는 모른다. 기억나는 것은 식구들 모두 라디오를 잃어버렸다는 것에 대해서는 함께 분개했으나, 도둑을 찾으려 나설 때 남자들은 엄마만큼 용기 있지 않았다는 것이다. 내 어린 마음에 도독은 잡아야 하는데... 오빠들은 신발을 신는데 너무 시간을 끌고, 그 순간 어린 내 마음은 몹시 타들어갔다.

성북동 09

　　성북동 골목길에는 물건 파는 사람들의 발걸음이 잦았다. 아주머니 한 분은 소금을 머리에 이고 다니셨는데, 그 목소리가 어찌나 곱고 다정하던지 집안사람들이 감탄할 정도였다. "고운 소금 사려어~" 당시 우리 집에서 소금을 샀는지 여부는 지금 잘 기억나지 않지만, 그 곱던 목소리는 아직도 정답고 생생하게 들리는 듯하다. 지금 생각해보면 머리에 소금을 이고 다니는 것이 얼마나 힘들었겠나 싶다. 사지는 않아도 물이라도 마시고 가시라고 해 집 툇마루에 잠시 앉았다가 가신 적은 있었던 것 같다. 계란장수가 오면, 엄마는 "밥이라도 먹었는가" 하고 물으시고는 반찬을 챙겨서 한 끼 식사라도 먹고 가도록 하셨다. 어떨 땐 오후 3시인데도, 밥이 없으면 곧장 밥을 지어 끼니를 거르지 않도록 했다. 아마 이런 식의 대접은 다반사였을 것이다. 대나무로 엮어 만든 바구니도 팔러 다니고, 생선장수는 떨이로 몇 마리 안 남았다고 소리 소리 질러댔다.

　　아이들이 가장 기다리고 좋아했던 사람은 역시 뻥튀기 아저씨다. 그 아저씨가 오시면 그 골목에는 아이들의 축제가 벌어졌다. 엄마한테 쌀을 얻어다가 아저씨에게 갖다드리면, 뻥튀기 기계에 넣고 빙빙 돌리다가 뻥 하는 소리를 내며 튀겨냈다. 아이들이 두 손으로 귀를 막고 한참을 기다리다 보면, 뻥 하는 소리와 함께 튀긴 것이 자루 속에 하얗게 쏟아져 나왔다. 아저씨가 긴 포대기에서 우리가 가져간 자루에 쏟아 담아주면, 나는 우선 아직 따끈따끈한 뻥튀기를 한 손 가득 입에 쑤셔 넣었다. 성이 안 차 몇 차례 입 속에 찔끔찔끔 털어 넣고서야 집으로 가져갔다. 엿장수 아저씨의 가위 소리가 들리면, 아이들은 떼거리로 몰려들었다. 아저씨가 그 커다란 쇠가위로 요술을 부리면서 엿을 톡톡 잘라주면, 우선 엿에 난 구멍의 수를 세고 나서야 엿을 입에 넣고 혀로 단맛을 음미했다. 잘린 엿에 구멍이 많아야 내기에서 승자가 되는 것이다.

 골목길은 누구에게나 열려 있었다. 엄마가 늘 기다리시던 칼 가는 아저씨나 우산 고치는 아저씨, 고물장수나, 과일장수 아저씨 등 온갖 장수들의 외치는 소리가 집안을 울리며 지나갔다. 배가 출출한 밤 늦은 시간에는 찹쌀떡 장수가 지나갔다.

 "찹살알~떡~, 찹살알~떡~ 사려~어~"

> 골목길에는 온갖 장수들이 외치고 다니기도 했지만 아이들의 놀이터이기도 했고, 동네 사람들이 서로 만나 수다나 정담을 나누는 미팅장소이기도 했다. 어떨 때는 선 채로 한 시간이고, 두 시간이고 시간 가는 줄 모르고 떠들고 계시는 분도 있었다. 어떤 분은 남편 욕을 퍼부어대기도 했다. 남편이 바람을 피운다거나 간밤에 술에 곤드레만드레 취해 가지고 어찌어찌 되었다는 둥 이야기들은 끝이 없었다.

 이와 반대로 우리 집은 비교적 차분하고 조용한 편이었다. 엄마도 오빠들도 말씀이 없으신 편이고, 단지 아빠와 사촌 오빠만이 예외였다. 사촌 오빠는 큰 목소리를 내시는 것은 아니고, 그저 우리 어린 동생들에게 짓궂게 다가와 우리를 울리기도 하고, 놀리기도 하면서 갖은 장난을 다했다. 어느 날은 삼선교에 있는 동도극장에 가서 영화를 보러 간다기에 나도 영화를 보고 싶어 데려가 달라고 떼를 썼다. 처음에는 완강하게 안 된다고, 어린애는 출입금지라고 극구 반대를 하다가, 내가 철없이 울고불고 떼를 쓰자, 어느 순간 표정이 밝아지더니 때때옷을 입으면 극장에 들어갈 수 있다고 말했다. 나는 얼른 엄마에게 장롱 깊숙이 박혀있는 때때옷을 꺼내달라고 졸라 때때옷을 걸쳐 입었다. 대문 쪽을 바라보니, 사촌 오빠는 흔적도 없이 사라지고 없었다.

　이런 일은 여러 번 반복되었고, 그때마다 나는 어리석게도 패자였고, 패자는 한없이 눈물을 삼키지 않을 수 없었다. 사촌 오빠는 이런 종류의 거짓말들을 재미삼아 즐기는 분이기도 했지만, 어린 우리들을 악몽처럼 시달리게도 했다. 나이 들어서는 한낱 웃음거리도 당시엔 그랬다. 가령 둘째 언니와 나에게 이렇게 말했다. "너희들 친엄마는 영천뚝다리에 사신다. 들창코에 언챙이라 눈비가 오면 코로 눈비가 들어가고, 말을 제대로 못하는 분이니, 당장 찾아가거라." 우리 친엄마인 자기 큰어머니 앞에서도 그는 대담했다. 이 말을 듣자마자 둘째 언니는 울며불며 농장 문을 열어 짐을 쌌기 때문에 나는 언니를 말리느라 정신을 차릴 수가 없었다. 어린 맘에 영천이 어디인지는 몰라도 돈이 있어야 한다는 생각에 엄마에게 맡겨놓은 세뱃돈을 달라고 떼를 쓰다가 응답이 없자, 우리는 그만 서러운 마음에 골목길로 나선 적이 있었다. 우리 뒤에서 사촌 오빠는

　"참 잘 생각했다. 진작에 찾아 갔었어야지."

　하고 외쳤고, 그때도 엄마는 지켜보시기만 하시고, 아무 말씀도 없으셨다. 나는 골목길까지 따라가 언니의 짐보따리를 빼앗으며 울부짖었다.

　"나는 어떡하라고."

　최초의 가출 체험은 이렇게 생생한 기억으로 남아 있다. 우리들의 가출은 고작 우리 집 옆 골목까지였지만, 아무도 우리를 붙잡지 않았는데도, 집으로 돌아올 수밖에 없었던 그때의 슬픔과 절망감은

이루 말할 수 없이 컸다. 집으로 돌아와 문간방에 쪼그리고 앉아 서로 부둥켜안고 한참동안 눈물을 쏟아냈다. 우리를 위로해 주거나 말을 걸어준 사람은 아무도 없었다. 심지어 나무라거나 야단치는 사람조차 없는, 완전 외톨이 신세였던 것이다.

너희들 행복한 눈들이여!
너희들이 본 바
그대로 영원하여라!
온 세상, 얼마나 아름다웠던가!

- 요한 볼프강 폰 괴테 -

아이가 아이였을 때...

아이가 아이였을 때
아이는 팔을 휘저으며 걸어 다녔다.
시냇물이 강이 되고
강이 큰 강줄기가 되고
웅덩이가 바다가 되기를 바랬다.

아이가 아이였을 때
아이가 아이였다는 것을 알지 못했다.
모든 것이 영혼으로 가득 찼고
모든 영혼은 하나였다.

아이가 아이였을 때
모든 것에 견해도,
습관도 없었다.
가끔 책상다리로 앉아 있다가
선 자리에서 냅다 달렸다.
늘 헝클어진 머리카락이었지만
사진 찍으면 그냥 자연스러웠다.

아이가 아이였을 때
이런 질문들이 생겼다.
나는 왜 나이고, 너는 아닌가?
나는 왜 여기에 있고, 저기가 아닌가?
시간의 시작은 언제이고, 공간의 끝은 어디인가?
태양 아래 삶은 단지 꿈은 아닌가?
내가 보고, 듣고, 냄새 맡은 것은
단지 전생의 어느 세상의 가상은 아닌가?
실제로 악이 존재해서 악을 저지르는
악인들이 있는가?
어떻게 지금의 내가
내가 되기 이전의 내가 아닐 수 있는가?
그리고 지금의 내가
더 이상 내가 아니라, 내가 되지 않는 건가?

아이가 아이였을 때
시금치, 완두콩, 우유죽,
찐 양배추까지 목에 걸렸다.
이제는 모두 먹으며, 배고파 먹는 것은 아니다.

아이가 아이였을 때
낯선 침대에서 깬 적이 있었다.
지금도 늘 그러하다
많고 많은 사람들이 아름답게 보였는데,
이제는 운이 좋을 때만 그러하다
어떤 천국이 분명하게 나타났는데,
그러나 지금은 예감만 할 뿐이다.
천국이 없다는 것은 생각할 수 없었는데,
지금은 천국이 없다면 소름끼친다.

아이가 아이였을 때
온몸으로 잘 놀았다.
지금도 잘 놀긴 하는데,
아이 시절에 관한 것에만 그러하다.

아이가 아이였을 때
사과나 빵만 먹어도 배가 불렀다.
그런데 아직도 그러하다.

아이가 아이였을 때
산딸기는 손바닥에 그냥 뚝 안겼다.

그런데 아직도 그러하다.
설익은 호두가 혀에 걸렸는데,
그런데 아직도 그러하다.
아이였을 땐 산을 동경하다가
자꾸만 좀 더 높은 산을 그리워했다.
도시를 동경하다가
자꾸만 좀 더 커다란 도시를 그리워했다.
그런데 아직도 그러하다.
나무 꼭대기에 올라가 버찌 땄을 때 기뻐 날뛰었는데,
그런데 아직도 그러하다.
낯선 사람들 앞에 부끄럼을 탔는데,
그런데 아직도 그러하다.
첫눈이 오기를 손꼽아 기다렸다.
그런데 아직도 그러하다.

아이가 아이였을 때
아이는 막대기를 나무에 창 삼아 꽂았다.
그런데 그때 꽂힌 창
아직도 흔들거린다.

- 페터 한트케 -

성북동 10

　어린 내 눈에 아빠의 사촌 오빠에 대한 애정은 극진했다. 사촌 오빠는 아빠의 바로 아래 동생, 둘째 작은아버지의 맏아들이었다. 작은아버지는 대학에서 약학공부를 하시고, 민족운동을 하신 분이셨다. 조국의 근대화 운동에 대해 아빠와 밤샘 토론을 할 정도로 끈끈한 형제애와 동지애를 나누신 분이라고 알고 있다. 나는 작은아버지를 한 번도 뵌 적이 없었다. 내가 태어나기 전 이미 위장병으로 돌아가셨기 때문이다. 그 분은 아들 셋을 두고 떠나셨는데, 그 막내 사촌 오빠가 둘째 언니와 동갑이고, 불과 열흘 차이로 태어났는데, 그는 그래도 둘째 언니를 누나라고 불렀다. 작은어머니는 작은아버지가 돌아가셨을 때 막내 아들을 업고 상을 치루셨다고 한다. 나중에 둘째 언니한테서 들은 이야기로는 작은아버지는 내가 엄마 뱃속에 있기 이전에 돌아가셨는데도, 엄마가 내게 전한 바로는 내가 태중에 있을 때에도 집안 분위기가 몹시 우울했다고 한다.

　둘째 작은아버지의 맏아들인 사촌 오빠는 맏형 되시는 아빠가 맡아 기르게 되었고, 아빠는 이 사촌 오빠의 기를 죽이지 않으려고 많은 배려를 하신 것 같다. 술을 드시면 그 오빠를 불러 끌어안고 작은아버지의 이름을 부르며, 통곡을 하셨다. 오빠는 그때마다 눈물을 참으려고 이를 악 물었고, 엄마는 그 모습을 무척 보기 싫어 하셨다. 나중에 돌아가신 작은아버지의 사진을 볼 기회가 있었는데, 그때 나는 부자간의 닮은꼴에 소름이 끼쳤다. 다른 친척 어른들의 말씀을 들어도 하나같이 닮아도 너무

닮았다고 말할 정도였다. 키도, 말투도, 걸음 거리도, 짓궂은 장난도 모두 닮은꼴이라고 했다. 그러나 작은아버지에 관한 이야기는 대부분 어른들이 함구하셨기 때문에, 우리 다음 세대에까지는 전달되지 않았다. 그것이 돌아가신 분에 대한 예의인지 아니면, 아직도 슬픈 마음을 달랠 길 없어서 그런 건지는 아직도 잘 모르겠다. 그러나 사촌 오빠들 가운데 유독 맏이에 대한 조부모님의 애정은 각별해서 '애비 없는 자식'이라 홀대 받을까봐 늘 전전긍긍하셨다. 작은아버지는 민족운동을 하시고 옥살이를 하셨는데, 그 끝에 위궤양으로 고생하시다가 돌아가셨다.

"수술을 하시기만 했어도 사셨을 텐데."

서른두 살에 혼자되신 작은어머니께서는 여러 번 넋두리하시곤 하셨다. 반의사이기도 하셨던 할아버지의 반대로 수술을 못 하시고, 결국 돌아가셨다. 할아버지는 그 죄책감에서였는지, 홀로 남겨신 작은어머니와 손자들에 대한 애착이 남다르셨다.

"그때 수술만 해도 사셨을 것을... 아벗님이 몸에 칼을 대면 안 된다고 하셔서..."

"나는 결혼하고 싶지 않았는데, 집안 어른에게 붙들려서 그만... 그러니 이렇게 혼자 살게 되나봐."

작은어머니의 이런 말씀은 지금 생각해도 안타깝다. 엄마는 내가 어렸을 때 늘 몸이 아프셨다. 그럴 때마다 우리는 동네 가까이에서 개업 중인 인혜병원 의사에게 가서 왕진을 부탁했다. 그러면 그는 늘 준비된 진찰가방을 들고 급히 달려오셨다. 그는 오자마자 예의 가방에서 청진기를 꺼내서 엄마를 진찰했다. 엄마는 친정에서는 의사와 직접 대면하지 않고, 실로 연결해 문밖에서 진맥을 하셨다고 말씀하셨다. 그런 분이 하얀 몸살을 맡기고 진찰을 할 때면 우리들 가슴은 타들어갔다. 어떨 땐 철없이 엄마가 돌아가시면 우리는 어떻게 사냐고 불안을 호소하기도 했다.

"엄마가 돌아가시면 둘째 작은엄마가 우리를 도와주실 거야" 어린 마음에 그러한 상상이 위로가 되었는지는 모르지만, 그만큼 엄마의 병환은 깊어서 우리를 수시로 힘든 상황으로 내몰았다. 몸도 마음도 여리고 약한 엄마에 비해 작은어머니는 학교에 다니시며 신여성으로 살고 싶으셨던 모양이다. 하지만 결국 친정아버지의 혼인 우선 결정 때문에 꿈을 접어야 하셨던 것이다. 신여성의 꿈을 이루지 못해 한을 품고 사셨지만 작은어머니는 뚝심이 있고, 의지가 강한 분이셨다. 맏며느리인 허약한 엄마보다 늘 집안일에 앞장서셨다. 남편을 여의고 홀몸이 되셨어도 대소사 집안일에 대한 책임감이 남다르셨던 것이다.

> 그렇지만 엄마는 맏며느리로서 의무감도 대단하셔서 몸이 안 좋으셔도 누워서 식구들의 먹거리를 일일이 챙기셨다. 그 많은 성북동 식구들, 시집 식구들과 손님들, 동냥 온 거지들에 이르기까지 극진히 대접하시는 예법은 한결같으셨다. 친척들 간에 갈등이 벌어질 때도 엄마의 이해심은 놀라웠다. 공격하는 사람 편에 서기보다 늘 공격당하는 사람 편에 서서 역지사지하셨다. 자신에게 가해지는 어떠한 공격에 대해서도 엄마의 평정심에 흔들림이 없으셨다. 엄마는 엄마 나름의 평화와 행복의 지침서를 마련하고 계셨던 것이다.

한번은 셋째 오빠가 동네에서 놀다가 어느 집 창문을 부순 적이 있었다. 그 집 주인이 대번에 오빠를 데리고 집으로 와 화를 내며 소리를 질러댔다. 엄마는 고개를 숙인 채,

"잘못했습니다."

"제가 자식을 잘못 키워 그렇습니다",
"유리창 새 걸로 바꿔드리겠습니다"

기어드는 목소리로 반복해서 말씀하셨다. 어떤 경우에도 자기 아이들을 옹호하는 한 마디 말씀도 못하시는 분이셨다. 그런데 아빠에 대해서는 조금 달랐다. 엄마와 아빠는 가끔씩 다투시곤 했다. 싸움을 건 쪽은 언제나 다혈질의 아빠이셨고, 엄마는 그럴 경우 이내 입을 닫아거시고 아무 말도, 대꾸도 하시지 않았다. 분위기가 이 정도로 무언의 냉전이 벌어지면, 둘째 언니와 나는 당시에 유행했던 두 코미디언의 몸짓을 흉내 내며 노래하기도 했다.

"뚱뚱이와 홀쭉이 또 만났네 그려"

그러면 얼른 웃음을 터뜨리시며 말문을 열어 엄마에게 말 건네시는 분은 언제나 아빠셨다. 하지만 엄마의 냉기는 아주 오래갔다.

"이번에는 일 주일 가려나, 이번에는 삼 주는 걸리겠네."

무엇보다도 엄마의 음식은 항상 정갈하고 맛있었다. 손맵씨 또한 놀라웠다. 재봉틀로 우리에게 옷을 지어주시기도 하셨다. 장롱 문을 열면 모든 옷들이 마치 다림질한 것 같이 흐트러짐 없이 잘 정돈되어 있었다. 항상 한복을 착용하고 계셨는데, 옥색이나 남색, 연자주색, 또는 짙은 자색을 선호하셨다. 여름철에 하얀 모시 한복에 빳빳하게 풀을 입혀서 다려 입고 다니시면 그 귀태가 늘 사람들이 입에 오르내릴 정도였다. 그런 옷차림으로 동대문시장 나들이를 하실 양이면, 하루 종일 엄마를 기다렸다. 얼마나 예쁜 내 옷을 사오실까 가슴 두근거리며 놀면서 기다리다가 엄마가 사온 것이 정작 내복뿐인 것을 알고서는 눈물을 와락 쏟을 때도 있었다. 지나고 나니 참으로 행복한 시간이었다.

엄마는 친정이야기를 일체 하지 않으셨다. 6·25 전쟁 중에 엄마의 바로 밑에 동생이 월북 또는 납북되었다는 말씀을 하신 적이 한 번도 없으셨다. 그러나 외가 식구들이 오면 자꾸만 눈물을 글썽거리셨다. 그들도 큰 외삼촌에 대한 그 이후 이야기에 대해서는 함구했다. 그러나 외가식구들은 과거에 큰외삼촌의 인물됨이 얼마나 출중했는가, 얼마나 큰 인물이었는가에 대해 자긍심이 대단했고, 자신의 가보에 대한, 특히 엄마가 귀족 가문의 종녀로 태어났다는 긍지는 대단했다.

나는 밤이 되면 엄마 옆에 자는 것이 너무 좋았다. 엄마의 분 냄새도 좋았지만 엄마 자체가 향기롭기 그지없었다. 엄마는 아무리 피곤에 지치고 몸이 아프셔도 어린 내가 엄마의 젓가슴을 만지며 잘 수 있게 해주셨다. 엄마는 피부미인이셨다. 뽀얀 흰 살에 연분홍빛 젓꼭지는 어린 내게 세상 그 누구보다도 엄마가 가장 아름답고 고운 분이라는 것을 각인시켜 주었다. 내가 초등학교에 입학하기 전까지만 해도 막내딸의 엄마 독점은 유지되었다. 그 이후 엄마는 젓가슴을 가리셨다. 사랑하는 딸을 마냥 어리광쟁이로 내버려둘 수는 없으셨을 것이다. 아니, 내 스스로 이제는 그럴 수 없다는 것을 퍼뜩 깨닫기 시작했는지도 모를 일이다. 가족들 모두 막내인 내가 더 이상 어리광이나 부릴 나이가 아니라는 것을 깨우쳐주었고, 무엇보다 아빠의 지적은 통렬했다.

"인간이 되려면 머리가 너무 몰랑몰랑해서는 안 된다. 플라톤이 말한 대로 머리 몰랑몰랑해지는 예술은 삶에 그리 도움이 되지 못한다."
나에 대한 가족들의 교육 방식은 순식간에 바뀌었다. 아빠가
"연숙아 인생은?"
하고 말씀하시면, 나는

"투쟁!"

하고 외쳐야 했다. 그때부터 엄마 몸에서 냉기가 돌기 시작했다. 큰오빠 또한 한 마디씩 내던졌다.

"저거 머리가 몰랑몰랑 해서 인간 안 되겠는데."

6·25 전쟁 이후 살아남은 사람들의 어린이 생존 교육, 또는 처세 교육, 우리 집의 막내딸 사랑법은 본인도 뜻 모를, 이러한 거친 투쟁 방식으로 전개되었다.

봄이 다시 왔다. 대지는 시를 아는 어린아이와 같다. 많은, 아주 많은 시들을…

- 라이너 마리아 릴케 -

성북동 11

그 시절 아이들의 주된 놀이들은 '공기놀이', '땅따먹기놀이', '고무줄놀이', '무궁화꽃이 피었습니다' 등의 숨박꼭질 놀이, '우리 집에 왜 왔니' 같은, 서로 편을 갈라 노는 동요놀이, '두꺼비집 놀이' 등등이었다. 이런 놀이들은 특별한 놀이기구 없이, 아이들이 모일 수 있는 골목길 같은 적당한 공간만 확보하면 가능했고, 서로 어떤 놀이를 하고 싶은지, 몇 명이 필요충분한지에 따라 선별되고 진행되었다. 추운 겨울에는 놀이를 할 수 없었다. 무더운 여름에는 땡볕을 피해 우물이나 수돗가의 시원한 바람을 찾아 다녀야 했다. 그래서 아이들은 주로 봄과 가을에 놀았을 것이다. 아이들은 적절한 날씨와 놀 공간만 있으면 잘 놀기도 했겠지만, 놀이에 대한 시공간적 구분과 개념이 불분명했기에, 매일매일의 생활이 놀이의 연속이었을 것이다. 명절이 되면 어른들의 놀이도 한판 시끌벅적하게 벌어졌다. 시조놀이, 화투놀이, 윷놀이, 연놀이 등은 여러 친척들과 동네사람들이 추운 겨울 집안에서 함께 어우러져 즐겼던 놀이였다. 엄마는 다른 놀이에는 관심을 전혀 보이시지 않다가도 시조놀이에는 늘 참여하셨다. 시조를 어찌나 잘 외우시고, 읊으시든지 우리를 깜짝 놀라게 했다. "태산이~"하고 운을 떼시면 온 집안이 조용해졌다.

아이들만이 할 수 있는 놀이는 대부분 바깥에서 이루어졌다. 나는 몸이 쇠약했다. 팔이 비틀어졌다고 사람들이 놀릴 정도로 말라깽이 아이였다. 그래도 나는 있는 힘을 다해 놀고 싶어 했다. 나는 집에서도 막내였지만, 동네에서도 나이가 어려서, 둘째 언니는 언제나 나의 든든한 우군이었다. 큰언니는 어렸을 때 시골 고향에서, 조부모님의 맏손녀로서 극진한 사랑을 한 몸에 받고 자랐다. 그래서 둘째 언니와 나는 한참 성장한 후에야 큰언니를 만나볼 수 있었다. 둘째 언니는 어릴 적 나의 유일한 보호자이자 친구였다. 언니는 내가 친구와 말싸움 끝에 아무 말도 못하고 울음보를 터뜨리고 있으면, 언제나 나를 옹호해주었고, 동네 남자애들이 나를 두고 놀릴 때도, 아이들이 도망갈 정도로 무섭게 대처했다. 그래서인지 언젠가 동네 담벽에는 언니 이름에 '악질'이라는 커다란 글씨가 새겨져 있기도 했다. 언니는 고무줄놀이나 공기놀이 등 모든 놀이에서 능통했다. 고무줄놀이를 하면, 언제나 상대방을 이기고도, 우리 편에서 점수가 모자란 아이들의 몫까지 다 살려내어 반대편의 원망을 사기 일쑤였다. 이런 놀이들은 모두 편가르기여서 철저히 내편이 이겨야 하는 것이고, 내편이 아닌 아이들이 이길 경우, 몹시 화가 날 정도로 치열하게 진행되었다. 편가르기는 대부분 가위바위보로 결정이 되는데, 언니 편이 되면 이긴다는 자신감이 붙었다. 아이들은 화가 나면 이런 말로 쏘아 붙였다.

 '최씨 셋이 앉는 자리에는 풀도 자라지 않는다는데…'

> 가위바위보를 할 경우 나는 내 손이 다른 아이들의 손보다 작아서 언제나 부끄러웠다. 게다가 나는 양쪽 엄지손가락이 짝짝이어서 타인을 만날 때는 나의 가장 큰 고민거리였다. 오른쪽 엄지손에 비해 왼쪽 엄지손은 터무니없이 짧아서 내 생각에 뱀처럼 징그럽고 흉했다. 나는 왼쪽 엄지손을 안으로 구부리고 다른 사람이 보지 못하도록 숨기고 늘 긴장했다. 두 손을 써야만 할 때 내 작은 손과 짧은 왼쪽 엄지손은 내게 언제나 큰 약점이었다.

내 생일은 5월이고, 아빠의 월급날이었다. 아빠는 내 생일이 자신의 월급날이라고 풍성하게 생일잔치를 베풀어주셨다. 당시엔 누런 봉투 속에 월급이 현금으로 지급되었다. 봉투 겉봉에는 매월 내역이 필기체로 빼곡하게 적혀 있었다. 월급날은 축제날이었다. 생활비가 바닥이 나서 외상을 긁지 않아도 되는 날이었다. 미역국과 삶은 계란, 뽀얀 쌀밥과 제철 과일을 먹을 수 있었다. 엄마는 5월에 나오는 온갖 과일들을 솜씨 좋게 썰어 화채를 만들어주셨다. 생강을 넣어서 만든 전통식 화채였는데, 과일맛과 어우러져 그 맛이 아주 색달랐다.

　한여름이 오면 온 가족이 대청마루에 모여서 수박과 참외를 나누어 먹었던 것 같다. 당시 과일장수들은 밀짚모자에, 목에는 수건을 두르고, 참외나 수박을 수레에 싣고 골목길까지 밀고와 팔았다. 과일 애호가였던 엄마는 수박화채도 만들어주시기도 했다. 무더운 날이 되면 붉은 수박을 솜씨 좋게 써신 후 얼음을 깨 넣으시고 시원하게 유리그릇에 담아 나누어 먹게 하셨다. 노란 참외는 여름의 무료함을 단맛으로 이겨내기에 제격이었다. 참외는 두 손으로 꽉 잡고 달디 단 속까지 맛있게 먹을 수 있었다. 문제는 수박이었다. 수박을 큰 식칼로 갈라 세모꼴로 썰어 큰 쟁반에 담아 놓으면 어느 순간에 후딱 빈 접시가 되어 버렸다. 오빠나 언니들은 오른 손으로 수박을 잡고 순식간에 먹어치웠다. 수박씨는 아랑곳없는 듯했다. 나는 수박씨 빼내는 것도 힘들고, 수박을 두 손으로 잡는 것도 서툴렀다. 둘째 언니는 특히 수박을 무척 좋아했고, 늘 내 옆에 앉아 수박 먹는 시간을 기다렸다. 수박 조각을 요령껏 두 손에 받쳐 들고, 순식간에 몇 개씩 먹어치웠다. 나는 늘 잘리다 남은 부분만을 먹게 되었다. 크기도 작거니와 씨가 그나마 적게 들어있기에 다행이었다. 둘째 언니는 내 옆에서 속삭였다.
　"너는 수박을 그렇게도 못 먹니? 이 시원한 수박을~"
　둘째 언니와 나는 집 앞 개천으로 내려가 놀기도 했다. 꽃방망이로 어른들처럼 빨래하는 흉내를 내거나, 개천이 더러워지면 돌을 움직여 물꼬를 터주었다. 작고 둥근 돌멩이가 있으면, 공기놀이할 셈으로 크기별로 모아두기도 했다. 공깃돌 가운데는 보석처럼 반짝이는 하얀 차돌도 있었고 여러 색깔과 무늬가 새겨져 있는 진기한 돌도 있었다. 우리는 그 돌을 주워다가 양지 바른 마당 한 구석에 쪼그리고 앉아 공기놀이를 즐겼다. 둘째 언니는 나보다 손도 크고 요령도 있어서 공깃돌을 올리면 내가 고개를 쳐들고 한참동안 쳐다봐야 할 정도로 높이 올라갔다. 공깃돌이 높이 올라갔다가 떨어지면 언니는 손으로 잽싸게 낚아채듯 잡았다. 언제나 패자는 나였고, 나는 내 작은 손의 한계를 늘 절감해야 했다.

아빠는 강의준비를 하시다가 우리가 공기놀이를 하면 언제나 합류하셨다. 우리와 내기 시합을 하신 적은 없으셨고, 늘 공기놀이의 시범을 보여주셨다. 아빠가 공깃돌을 들어 올리시면, 우리는 탄성을 질러댔다. 공깃돌이 한없이 휘돌아 올라가기도 했지만, 그 돌들이 햇빛을 반사하면서 반짝댔기 때문이었다. 물론 돌은 둘째 언니보다 두 배는 더 높이 올라갔고, 낙하할 때는 그 큰 손으로 바닥에 닿을까 말까한 정도에서 유쾌하게 유유히 돌을 낚아채시는 것이었다. 아빠는 우리가 감탄하고 손뼉을 쳐대면 빙그레 웃으시면서 오히려 더 높이 더 멋지게 공깃돌을 올리셨다. 우리가 느끼기에 아빠는 자신의 능력보다 과도한 행동을 하시는 듯해서 늘 아슬아슬했던 것 같다. 하지만 공깃돌을 아무리 높이 올려 의도하지 않은 지점에 떨어지더라도 아빠는 단 한 번도 그 공깃돌을 떨어뜨리신 적은 없으셨다. 그때만큼 아빠가 나에게 위대해 보인 적이 없다. 아빠와 둘째 언니의 공기놀이 비법을 아무리 연습해도 나는 따라갈 수가 없었던 것이다. 내 작은 손 콤플렉스는 그때 이후 심화되어 갔다.

모두 쉬고 있다. 어둠도, 빛도, 꽃도, 책도.

- 라이너 마리아 릴케 -

성북동 12

    어릴 때 내가 살던 성북동 한옥에는 아빠 방과 엄마 방, 그 사이를 이어주는 대청마루가 가장 높은 위치에 놓여 있고, 몇 개의 돌계단 아래 최대한의 공간을 확보해 자녀들의 방과 부엌이 있었다. 우리 성북동 집은 남향집이었고, 대문은 서향이었다. 겨울에는 대청마루에 유리문을 닫고 살았지만 몹시 추웠고, 봄에서 가을까지는 늘 햇볕이 들어 따뜻하고 환했다. 이 마루에 아빠의 고정석 의자가 있고, 손님들이 오면 앉을 수 있는 긴 소파가 있었다. 그리고 그 긴 소파에는 많은 사람들이 앉았다 떠나갔다. 그 바로 아래 돌계단에는 언제나 신발들이 가득 놓여 있었다. 가족들 신발뿐만 아니라, 친척들, 교수님들, 제자들의 신발들이 돌계단을 장식했다. 나는 큰 신발을 신어 보기도 하고, 맨발로 아래쪽에 있는 문간방을 오가며 뛰어 놀았다.

    어느 날 나는 집밖에서 동네 아이들과 놀고 있었다. 갑자기 아빠가 방 창문을 열고 화가 잔뜩 난 얼굴로 술병을 창문 밖으로 내던질 듯이 들고는 온 동네가 떠내려갈 정도의 큰 목소리를 내질렀다.
    "니 이 술병 안 가지고 가나? 안 가지고 가면 이거 아래로 떨어뜨릴 거다!"
    어느 젊은 대학생이 가던 걸음을 멈추고 얼굴이 시뻘개진 채로 대문을 열고 집안으로 들어가더니 얼른 술병을 들고 황망하게 사라졌다. 나는 아빠의 큰 목소리에 놀란 아이들과 함께 놀기가 부끄러워서 얼른 집안으로 들어갔다. 아빠는 아직도 분이 안 풀리신 듯 화를 못 참고 소리를 내지르셨다.

"내가 학점을 그따위로 쉽게 주는 인간으로 아는가? 못된 녀석! 교수 알기를 뭘로 아는 거야! 내 원 참!"

대청마루에서 보면 온 가족의 동선이 그대로 노출되었다. 나보다 나이 많은 오빠들은 아빠가 마루에 나와 계실 때에는 고개를 푹 숙이고 발걸음소리도 내지 않은 채 얼른 숨듯이 자기들 방으로 들어갔다. 특히 아빠가 바둑을 배우기 시작하면서부터는 오빠들이 대문에서부터 집안 눈치를 보기도 했다. 아빠한테 붙들리면 장시간 바둑을 두게 될 것이 두려웠던 것이다.

그러나 제삿날이 오면 아빠는 제삿날을 기억하고 찾아오는 많은 친척들과 함께 대청마루에서 거룩한 제사 예식을 치루셨다. 아빠는 제사 당일에는 죽으로 끼니를 대신하셨다. 손수 제문을 붓글씨로 쓰신 후, 병풍이 처지면, 병풍 위에 제문을 밥풀로 붙이셨다. 제사상에 준비된 음식이 제사상 위에 올려지고, 새벽 한 시가 가까워 오면, 아빠는 하얀 두루마기를 입으시고 머리에는 까만 유건을 쓰셨다. 오빠들과 친척들도 정중하게 예를 갖추었다. 여자들은 몇날며칠동안 정성껏 마련한 제사 음식을 마루로 옮기고 난 후 모두 안방에서 곱게 다림질한 한복으로 갈아입었다. 맏며느리였던 엄마는 언제나 고운 한복 차림으로 마루로 나가 제주를 올리며 큰절을 두 번 올리셨다.

아빠의 "유세차~" 소리 아직도 들려오는 듯하다. 제사 마지막에 손수 붓글씨로 쓰신 제문을 촛불에 때우고 나시면 제사는 마무리되었다. 제사를 마친 후 새벽 두세 시가 되어서야 겨우 먹을 수 있었던 그 제사 나물비빔밥. 졸음을 이기지 못해 깜빡 잠이 들어 제사는 놓쳐도 밥 먹을 시간쯤 되면 잠을 떨치고 벌떡 일어났다. 하루 종일 기다리고 기다리던 나물 비빔밥, 큰 놋그릇에 참기름 듬뿍 넣고

비빈 그 맛, 정말 일품이었다. 누군가가 고소한 간장과 참기름을 섞어 내 입에 넣어 맛보게 해주던 그 비빔밥, 이제 다시는 맛볼 수 없으리라. 그리고 애써 만들었던 제사 음식을 친척들에게 넉넉히 나누어 보내시고, 남은 음식을 이웃에게 주시려고 일일이 나누어 담아 우리에게 심부름시키셨던 엄마의 손길 이제 다시는 맛볼 기회조차 없는 옛일이 되어 버렸다. 그러나 아직도 나는 제사 때 피웠던 그 향 냄새를 잊지 못한다.

 아빠는 새벽 일찍 일어나셨다. 머리에 띠를 두르고 책을 읽으시거나 글을 쓰셨는데, 일정 부분 끝내시면, 방문을 열고 마루로 나오셨다. 그때부터 집안은 시끄러워졌다. 아빠는 안방 엄마 옆에서 자고 있는 둘째 언니와 나를 깨우셨다. 우리가 조금만 더 자고 싶어 이불을 뒤집어쓰면, 아빠는 장난삼아 이불 밖으로 드러난 다리를 발가락으로 꼬집으셨다. 어떨 땐 눈물이 찔끔 날 정도로 몹시 아프기도 했지만, 대부분 아빠와 장난을 치며 눈을 뜨고 부시시 일어났다. 아빠는 동트기 전에 삼형제 약수터에 갈 동행자가 필요하셨던 것이다.
 아빠에게 딸들이 아들들보다 더 사랑스러웠으리라. 아들을 내리 셋을 두시고 딸 셋을 얻으셨으니, 나이 드셔서 생긴 딸들이 얼마나 사랑스러웠겠는가? 그래서 딸들의 이름을 본인이 이상적 여성상이라고 보는 앙드레 지드의 『좁은 문』의 여주인공 이름 알리샤의 시작 모음인 'ㅇ'을 시작으로 작명을 하셨다. 그래서 딸들의 이름은 모두 'ㅇ'으로 시작한다.

 큰언니는 아들만 내리 낳던 시점에 태어난 첫딸이기에 집안의 귀여움을 한몸에 받았다. 조부모께서는 맏손녀에 대한 애착이 남달라서 시골집에서 갖은 정성을 다해 키우셨다. 밤을 새워 손녀딸이 요구하는 옷을 다 지어 입혀 학교로 보내실 정도였다. 반면 둘째 언니와 나는 성북동 집에서 어린 시절을 보냈다. 아빠도 집에 머무시면서 강의 준비를 하셨기에 어린 우리들과 함께 하는 자유로운 시간이 비교적 많았다. 그때 우리에게 아빠는 근엄한 아버지가 아니라, 즐거운 놀이친구였다. 집안에서 아빠의 대머리를 '공산명월'이라고 놀리거나, 감히 아빠를 꼬집고 간지럼 태우며 웃기거나, 손잡고 흔들며 걷자고 할 수 있는 사람은 우리밖에 없었다. 심지어는 아빠의 친구분이 오실 경우, 우리는 그 주변을 맴돌며 친구분의 이름이 이상하게 여겨지거나 재미있다고 보는 점을 찾아내 나름의 상상력을 더해 떠들어댔던 것이다. 예를 들어 아빠의 친구분 성함이 '시보'일 경우, 셈법을 이용해 "5에 10 더하기 15, 5에 3 곱하기 시보" 하고 중얼거렸다. 친구 분의 목소리나, 걸음거리를 흉내내거나 하는 것은 다반사였다.

> 아빠는 이런 어린 딸들의 버릇없는 행동을 한 번도 꾸짖지 않으시고, 딸바보가 되어 사랑을 듬뿍 쏟으셨다. 특히 보다 나이 어린 막내딸은 아버지의 "눈에 넣어도 안 아픈" 딸이었다. 한 번은 엄마가 동대문시장에 살 것이 있어 둘째 언니와 나를 아빠에게 맡기시고 장시간 집을 비우신 적이 있었다. 그 동안 아빠는 예쁜 딸들의 머리와 손톱, 발톱을 깎아주셨다. 엄마가 집에 돌아와 보니 온 집안이 난장판이 되어 있었다. 예쁜 딸들의 머리는 흉한 단발머리가 되었고, 손톱과 발톱은 너무 바투 깎아 피가 나 있었다. 그 사건 이후 아빠의 이발사 역할 등 딸들에 대한 미용기술은 금지되었다.

아빠는 술을 드시면 시조를 읊으시곤 하셨는데, 우리에게 가르쳐주신 노래는 하나, 「클레멘타인」이었다. 본인이 먼저 부르시고 우리에게 따라 부르게 하셨다.

넓고 넓은 바닷가에 오막살이 집 한 채
고기잡는 아버지와 철 모르는 딸 있네
내 사랑아 내 사랑아 나의 사랑 클레멘타인
늙은 애비 홀로 두고 영영 어디 갔느냐.

철없이 따라 부르면서도 우리는 아빠의 뜨거운 사랑을 확인할 수 있었다. 원곡과 달리 번역되기는 했지만, 홀로 남겨진 아빠의 쓸쓸함이 배여 있는, 가슴에 와 닿는 노래가 되었다. 아마 아빠에게 이 노래는 클레멘타인의 죽음에 대한 슬픔보다도 결국 이 예쁜 딸들은 시집은 보내야 하는데, 어떻게 시집보낼 수 있을 것이며, 보낸 후 또 어떻게 마음을 달랠 수 있겠는가 하는 아빠 본인 스스로의 마음 고백이 담긴 곡이었을 것이다.

나이 먹어도 나는 아직 이 노래를 부른다. 내가 얼마나 아빠를 사랑했는가, 아빠에 대한 그리움과 슬픔이 얼마나 절실했는가, 「클레멘타인」은 이 모든 것을 일깨워주는 노래가 되었다. 가끔 나는 아빠의 이런 목소리도 듣는다. 어릴 때 "연숙아, 인생은?" "투쟁!"하고 내가 응답하던, 생생한 목소리를 듣는 듯하다. 내가 누군가의 아내가 되고, 엄마가 되어도 언제나 환기되는 아빠의 물음, 뜻도 모르고 외쳐댔던 응답은 이제 아빠의 사랑을 확인하는 증표가 되어 다가온다. 사람들은 말했다.

"막내딸을 그렇게 예뻐하시더니 결혼식도 못보고 돌아가셨네."

내 사랑아, 내 사랑아 나의 사랑 클레멘타인
늙은 애비 홀로 두고 영영 어디 갔느냐

아직도 은수교를 지나 중절모를 쓰시고 책가방을 드시고 집으로 향해 걸어오시던 아빠의 모습이 눈에 선하다. 둘째 언니와 나는 저녁 무렵 아빠가 길모퉁이에 보이기 시작하면, 아무리 즐거운 놀이도 다 팽개치고, 아빠에게 냅다 달려갔다. 아빠는 우리가 달려가면 언제나 가방을 옆에 내려놓으시고, 두 팔을 활짝 벌려 우리를 안아줄 태세를 갖추셨다. 그러면 우리는 아빠의 품속에 쏘옥 들어가 안겼다. 아빠의 품안은 언제나 따뜻하기보다 뜨거웠다.

이제 우리는 듣는 자, 자연의 입이다.
- 라이너 마리아 릴케 -

Part 5

유언

어떤 존재도 무로 사라질 수는 없는 것,
영원한 것이 만물 속에 계속 활동하리니
네 존재를 행복하게 누려라.
존재는 영원한 것, 그 생생한 보물들
법칙에 따라 보존하나니.
일체가 그 보물들로 몸단장하는구나.

참된 것이 이미 오래 전부터
고귀한 영계를 결합시켜왔구나.
오래된 참다운 것이 그것을 지켜왔구나.
인간들이여, 지혜로운 자에게 감사하라.
그는 영계의 주변을 맴돌며
형제들에게 그 길을 알려주었다.

이제는 속히 네 내면으로 들어가라
그 안에서 너는 중심을 찾으리니
고귀한 자라면 이를 회의하지 않으리.

너도 법칙의 오류 찾아낼 수 없으리라.
왜냐면 자명한 양심이
네 도덕의 태양이기 때문.

너는 이제 감각에 친숙해야만 하리
그 어떤 거짓 감각도 느껴서는 안 되리.
네 오성이 너를 깨울 때면
신선한 눈길로 기쁘게 깨달으라.
그리고 부드러이 확실하게 변화하라
풍성한 목초지를 통해.

충만함과 축복을 절도있게 누려라.
생명이 기쁨을 누리는 곳마다
이성은 존재하나니.
그때 과거는 영속하고
미래는 지레 생생하고
순간은 영원하리라.

그러면 너의 삶은 성공한 것.
감정이 네 온몸에서 살아나리니.

열매 맺은 것만이 참된 것
너는 보편적 섭리를 연마하는구나.
나름의 자기 방식에 따라 집행되리니,
가장 소소한 것들과 친구가 되어라.

고령에서 오는 듯, 조용히
시인을 낳았던 철학자,
너는 사랑의 작품 하나, 그 고유한 의지에 따라
그렇게 가장 아름다운 은총으로 길러 내리라.
고귀한 영혼을 선취하기 위한
가장 훌륭한 천직이구나.

- 요한 볼프강 폰 괴테 -

성북동 13

큰언니는 언니가 초등학교 3학년 2학기에 시골 고향집에서 성북동 집으로 올라왔다. 나는 집 앞 누군가가 쌓아놓은 모래더미에서 두꺼비집 놀이에 열중해 있었다. 모래 속 따뜻한 온기를 좋아한 나는, 작은 왼손을 모래 속에 깊숙이 집어 넣고, 그 위에 오른손으로 모래를 계속 덮어가며 무너지지 않게 다독거리고 있었다. "내가 네 큰언니다." 나는 엄마로부터 큰언니가 올라온다는 말을 들은 적이 없었고, 큰언니가 올라왔다는 말을 들은 것 같지도 않았다. 더더군다나 언제나 말없는 엄마가 언니를 우리에게 소개한 것도 아니고, 본인 스스로 큰언니라고 하다니... 언니는 동생들을 무척 반가와 하는 것 같았다. 나는 큰언니가 왜 그렇게 긴 기간동안 고향집에 머물렀는지 알 수가 없었다. "조부모님이 허전하실까봐 셋째와 넷째는 고향집에 두고 왔다." 이런 이야기는 한참 후 엄마가 전해준 말이다. 큰언니는 내가 태어난 날을 기억하고 이렇게 말한 적이 있었다.

"한사동 앞마당에서 놀고 있었는데, 사람들이 니 엄마가 니 동생 낳았으니, 가보거래이 카더라."

큰언니가 온 후로 성북동 집 문간방은 약간의 수리를 거쳐, 우리 자매들의 방으로 꾸며졌다. 나는 엄마 품에서 언니들의 방으로 옮겨졌다. 큰언니는 곧 중학생이 되었고, 교복을 입고 성북동에서 삼선교까지 걸어가 전차를 타고 통학하게 되었는데, 먼 발치에서 큰언니를 보면, 큰언니의 훤한 얼굴이 짙은 감색 교복으로 인해 더 환하게 보였다. 큰언니의 방이 생기면서부터 우리 집에는 자연스레 여성들만의 전용 공간이 마련되었다. 큰언니는 용돈을 모아 당시 문고집인 정음사의 세계문학전집 시리즈를 샀다. 100권을 다 산 건 아니고, 수십 권 정도는 산 것 같다. 또 양문문고판 책들도 있었다. 책들은 책상 두 개가 놓인 방에 붙어있는 작고 어두운 광 속에 선반을 마련해 비치해두었다. 이 책들은 우리 여동생들에게 읽을 수 있게 해주어서, 우리들의 전용도서관이 마련된 셈이었다. 어두운 광 속에서 나는 서구 작가들의 이름과 작품명을 익히게 되었다. 오빠들이 빌려달라고 하면, 큰언니는 잠시 빌려주었다. 그러나 빌려달라고 관심을 보인 사람은 단 한 사람, 둘째 오빠뿐이었다. 책들은 제법 두껍게 옅은 녹색의 하드본으로 만들어졌고, 글씨는 세로 줄로 깨알 같이 작았다. 나는 나이가 어린 탓에, 다 읽는 것은 고사하고, 제목에 흥미를 느껴서 선별적으로 읽은 것 같다. 가령 투르게니에프의 『첫사랑』이나, 뒤마의 『춘희』, 프레보의 『마농 레스코』 등이 그러했다. 첫사랑이 뭔가? 춘희라는 여성은 또 왜 그런가? 마농은 또 왜 그리 불쌍한가? 여성이 주인공으로 나오는 책들은 펄벅의 『대지』나, 하아디의 『테스』, 모파상의 『여자의 일생』까지 이어졌다. 그 당시 나는 여성 주인공들의 삶이 무의미하게 느껴져 몹시 우울해졌다. 책을 읽다가 멋있는 말들을 아는 척하며 써먹다가 혼난 적도 많았다. 도스토예프스키, 톨스토이, 체호프, 토마스 하아디, 투르게니예프 등등 발음하기 어려운 작가명들이 수두룩했다. 큰언니는 낭만주의자여서 특히 헤세의 글을 좋아했다. 좋은 글이 있으면, 노트에 예쁜 글씨로 정서해 놓기도 했다. 글씨체가 어찌나 곱고 여성적이고 단정하던지 우리 동생들은 늘 감탄했다.

 큰언니의 문학적 취향과 수준에 발맞추기에는 나는 너무 어렸다. 그러나 당시 번역된 문장들이 몹시 멋들어져 보였고 이해가 가는 듯도 해서 큰언니에 대한 존경은 거의 맹신에 가까웠다. 큰언니의 등장과 자매들만의 작은 방은 오빠들의 잔소리를 피해 숨을 수 있는 유일한 안식처였다. 그러한 잔소리의 주인공들은 당연 사촌 오빠와 셋째 오빠였다. 특히 사촌 오빠는 여자는 걸을 때 엉덩이를 흔들어서는 안 되며, 치마 길이는 무릎을 덮어야 하며, 윗옷이 너무 패이면, 남자들을 유혹하는 것 등, 잔소리는 끝이 없었다.

> 큰언니가 상경하기까지 성북동에서의 독서행위는 주로 둘째 언니가 나에게 동화책 읽어주는 것으로 시작되었다. 내가 몸이 아파 누워있을 때면 둘째 언니가 내 옆에 앉아 내게 동화책을 읽어주었는데, 둘째 언니는 무척 감정 기복이 심했다. 나는 자주 편도선을 앓아 고열일 경우가 많았는데, 언니는 열이 펄펄한 동생을 진정시켜주기 위해 책을 읽어주기보다, 책을 읽다가 그만 너무 감정에 복받쳐 울어버리거나 웃어버리거나 했다. 예를 들어 그림동화 「백조가 된 왕자」를 읽어주면서, 왕자들이 저주를 받아 백조가 되는 장면에 이르면, 너무 슬퍼서 눈물을 뚝뚝 떨어뜨리면서 와락 울음을 터트려버렸다. 그러면 나도 덩달아 눈이 퉁퉁 부어오를 정도로 울었.

둘째 언니와 나는 삼선교 근방에 있는 만화가게를 자주 들렸는데, 그때 내가 가장 선호하던 만화는 「엄마 찾아 삼만리」 같은 순정만화 시리즈였다. 그 만화는 언제나 만화의 마지막 페이지 끝칸에 "다음 호에 계속 됩니다", 또는 "다음 호를 기다리시라" 등으로 끝나버려 다음 호에 과연 엄마를 만날 수 있을까 기대하면서 그 날이 오기를 손꼽아 기다렸다. 다음 호가 나올 날짜가 다가오면 언제나 만화가게 주인에게 다른 사람이 빌려가기 전에 먼저 보고 싶어서 자주 문의를 하다가 허탕을 치기도 했다. 허탕을 치는 날이면 나는 그 만화가게 선반에 꽂혀 있는 소설이나 시집 등을 손에 잡히는 대로 읽었다. 나는 그 만화가게에서 춘원 이광수의 소설 『유정』과 『꿈』을 읽었다. 소설 『유정』은 어린 나이에 너무 복잡해서 잘 소화가 안 되었는데, 『꿈』은 『유정』보다는 줄거리가 비교적 짧았지만 수행 중인 승려 조신이 꾼 꿈의 내용과 그 꿈에서 깨어날 때의 묘사가 너무 절묘하고 흥미로와서 나이가 들어서도 잊혀지지 않는다. 소설의 끝부분에 주인공이 꿈에서 깨어 허탈하게 절 마당을 비질하는 장면은 요즘 절을 방문할 때도 자주 환기되는 장면이 되어 버렸다.

문제는 나보다도 둘째 언니가 만화가게를 자주 갔다는 것이다. 한번은 다음 날이 중학교 입시를 치르러 가야 하는 날인데, 저녁 식사시간이 되어도 언니가 어디로 갔는지 식구들 중에 아는 사람이 아무도 없었다. 엄마가 걱정을 하시자, 오빠들이 찾으러 나서게 되었다. 동네 골목 골목을 찾으러 다녀도 언니가 없자, 모두들 입시가 겁이 나 어디에 숨어버렸나? 어디로 사라졌나? 걱정하기에 이르렀다. 한참 후 해질 무렵쯤에 셋째 오빠가 문제의 언니를 데리고 대문 안으로 들어섰다. 언니는 오빠 뒤에서 약간 미안한 듯 고개를 살짝 옆으로 들어 올리면서 쌩끗 웃으면서 들어왔는데, 셋째 오빠가 들어오며 하는 말,

> "예가 글쎄 만화가게에 있더라구요. 내가 만화가게 들어가도 모를 정도로 만화에 빠져서 ..."

물론 언니는 다음날 입시를 무사히 쳤고, 명문 중학교에 당당히 합격했다. 나는 한참 커서 영화 『애수』를 본 적이 있었는데, 비비안 리가 무대 위에서 발레를 끝내고 관객에게 고개를 살짝 들어 미소지으며 인사를 하는 장면을 본 적이 있었다. 그때 나는 그 미소를 어딘가에서 본 적이 있다고 생각했다. 둘째언니의 그때 그 미소였다.

내가 가장 두려워했던 것은 내가 셋째 딸로 태어났다는 것이었다. 가장 듣기 두렵고 싫은 말이 "셋째 딸은 묻지도 않고 데려간다"는 것, "최진사댁에 딸이 셋 있는데, 그 중에서도 셋째 따님이 제일 예쁘다던데" ... 노래는 즐겁게 울려 퍼지는데, 나는 "성격 좋고 너무 착해, 호박이 넝쿨째 굴러들어온" "복덩어리처럼 팔려가는" 셋째 딸 신세가 되기 싫었다. 누군가가 데려가거나 팔려가는 신세가 된다는 것, 그것은 두 언니에게는 해당 안 되는 것처럼 들렸다. 엄마는 내게 종종 말씀하셨다. "너는 아들로 태어났으면 좋았을 걸", "너는 용띠로 태어나", "너는 늘 고생을 사서 하니?", "너는 아빠를 쏙 빼닮아서" ...

　어린 시절 내가 가장 부러워했던 것은 언니들처럼 동생 하나쯤 두는 것이었다. 엄마가 내게도 새 옷 좀 사 주고, 언니들이 입다 남은 헌옷을 받아 입게 하지 않는다면, 언제나 발도 곧 클 거라며 싸이즈 큰 신발만 사주지 않는다면, 언니들처럼 착하다고 얼래어 심부름시킬 수 있는 동생이 내게 한 명이라도 있다면, 내가 책을 읽고 난 후 무슨 말을 해도 주눅들지 않게 하는 언니가 있다면 ,,, 그러나 현실은 언니들이 명령을 내리면, 나는 싫던좋던 간에 꼬박 심부름을 수행해야 하는 막내 동생이었던 것이다.

　어느 추운 겨울날이었다. 언니들이 나에게 번데기를 사오라고 했다. 나는 싫다는 말 한 마디 못하고 은수교 너머 수레 안에 솥을 걸고 번데기를 볶아 팔고 있는 아저씨에게로 다가갔다. 아직 한 번도 번데기를 본 적이 없었을 뿐만 아니라, 솥 가득 그렇게 많은 번데기가 우글거리고 있는 줄은 꿈에도 몰랐다. 나는 어느 언니가 준 돈인지 얼른 지불하고 아저씨가 삼각 원통의 종이에 김이 솔솔 나는 번데기를 수복히 담아 준 것을 들고 냅다 뛰기 시작했다. 집에 있는 언니들에게 봉지를 내밀었을 때 그

삼각 봉지 속에는 겨우 번데기 하나만 남아 있었다. 나는 은수교에서 집에 도착해 언니들에게 번데기를 내밀 때까지 번데기들이 꿈틀대다가 다 튀어 달아난 줄 알았다. 내가 냅다 뛴 거리는 불과 채 200미터도 안 되었다.

빠른 물살에게 말하라! 나는 존재한다고.

- 라이너 마리아 릴케 -

성북동 14

    학교에 다니기 시작하면서 내게 가장 혼란스럽고 어려운 것 가운데 하나가 학적부에 종교난을 기재하는 것이었다. 아이들은 불교, 기독교, 천주교 등을 알아서 척척 써넣는데, 나는 어떤 종교를 써야 할지 늘 난감했다. 어른들에게 물어도 우리집 종교를 뚜렷하게 말해주는 법이 없었다. 종교가 없으니 무교라고 쓰라고 했다가, 제사를 모시는 집이니 유교라고 쓰라고 했다. 한번은 누군가가 아버지께서 천도교인이니 천도교라고 쓰라 한 적도 있었다. 유교는 종교가 아니라 사상이라는 것, 아버지께서 천도교를 숭상하신다는 것 등등, 아직 종교가 무엇인지도 모르는 아이는 갈피를 잡을 수 없었고, 아이에게 종교에 대한 불안만 증폭시킬 뿐이었다.

    엄마나 집안사람들 모두 절에 주로 다니니 불교가 맞을 것이라고 말해 주었을 때는 오히려 이해가 가는 듯했다. 왕고모님께서는 친정집에 주로 머무시면서 집안의 대소사를 주도하셨을 뿐만 아니라, 집안사람들 모두를, 특히 여성들을 직접 절에 이끌고 다니셨다. 시주뿐만 아니라, 아예 전국의 절을 두루 다니시며 불공에 지극정성이셔서, 사람들은 왕고모님을 삭발만 안 하셨지 스님이요, 보살님이라고들 말했다. 목소리도 빠르고 크셔서 온 집안, 내 조부모나, 집안의 윗사람은 물론, 손아랫사람들 모두를 통솔하시고, 호령하셨다. 언젠가 하양 환성사에 가서 절 재건 헌금을 낸 명단을 본 적이 있다. 기념비석에 내가 아는 집안사람들 이름이 거의 빼곡히 새겨져 있었다. 모두 집안 남자들 이름들이 대세였다. 왕고모님의 강권이 없었다면 다 쓰러져가는 신라시대 고찰을 중건할 수 없었으리라. 지금 생각하면 우리집 대표적 종교는 불교였던 것이다. 왕고모님의 불심이 없었다면, 집안의 종교나 종교적 체험은 뿌리 내리지 못했을지 모른다.

    조부님은 바로 아래에 아우님 한 분과 여동생을 두셨는데, 조부님이 태어나시기 전에 증조할머니께서는 아이를 여러 차례 낳았으나, 돌이 되기 전에 모두 잃으셨다고 한다. 여러 차례 상실의 아픔을 되풀이 당하셨으니, 증조부의 고심도 깊었으리라. 증조부 집을 자주 드나들던 갓지기가 어느 스님 말씀을 전했다. 이번에 태어나는 아이는 7살이 될 때까지 수양부모 밑에서 기르다가 7살이 되면 친부모 집에 와서 살게 하면 죽을 화를 면할 것이다. 조부님은 이렇게 양부모인 이모집에서 7년살이를 하시고 살아남아 3형제의 맏아들이 되셨다. 조부님은 아들 넷, 딸 둘을 두셨다. 조부님의 맏아들이 내 아버지이셨다. 아버지께서도 아들 셋, 딸 셋을 두셨으니, 자손은 대를 이은 셈이다.

    둘째 작은아버지께서는 일제 강점기에 경산지역 항일운동에 참여하시고 옥살이를 하셨다. 이때 감옥에서 윤금자씨를 만났다. 윤금자씨는 출감 후 둘째 작은아버지와 작은어머니와 의형제를 맺으셨는데, 나중에 베네딕도 수녀회의 수녀가 되셨다. 이 분은 수녀가 되기 전에 수도의전에서 의학 공부를 하신 소아과 의사이기도 했다. 이 분의 어머니는 조선 말기에 궁녀이셨는데, 조선이 몰락하면서 궁에서 나와 윤씨 성을 가진 분과 결혼을 하셨다. 수녀님께 듣기로 수녀님의 어머니는 궁에서 나올 때 궁궐에서 하사한 패물을 팔아 생활을 이어갔다고 한다. 할아버지께서는 자신의 둘째 아들이 옥살이에서 얻은 병으로 일찍 사망하자, 의형제를 맺은 윤금자씨를 친딸처럼 보살피셨다. 그녀가 만학에 의전 학업을 정진할 수 있도록 적지 않은 학자금을 부담하셨으리라 싶다.

> 수녀가 되신 후 윤금자씨는 집안에서 윤수녀님으로 불리었다. 둘째 작은어머니의 의자매라는 관계의식은 둘째 작은어머니의 수녀님에 대한 각별한 애정은 물론 아버지의 관심 또한 남다르게 했다. 수도자에 대한 존경어린 대의와 사랑하는 동생에 대한 슬픈 기억이 교차하셨으리라. 수녀님은 종교적으로 헌신하시면서 사회에 봉사하는 큰 그릇의 여성상이기도 했던 것이다.

무엇보다도 윤수녀님이 우리 집안에 끼친 영향은 불심에 의지해 살아가던 가풍에 천주교라는 종교적 경험을 가능하도록 물꼬를 터주는 데 있었다. 수녀님은 나뿐만 아니라, 우리 가족들에게 편지를 많이 써 보내셨다. 이 편지들은 언제나 다른 편지에 비해 두툼했다. 크리스마스카드뿐만 아니라, 생일이나 영명 축일이 되면 여지없이 우편함에 우편물이 가득했다. 어떨 땐 수녀님의 편지 봉투가 터질 정도였는데 보통 다섯 페이지에서 열 페이지에 이르는 분량이었다. 편지지의 지면을 빈틈없이 채우기도 하셨지만, 여러 광고지나 예쁜 종이를 모아 두셨다가 직접 여러 모양으로 가위로 오려, 편지지에 붙여 장식을 하셨다. 편지를 받으면 가슴이 두근거리고 두 손이 기쁨에 떨릴 정도로 황홀했다. 이런 편지를 받으면 나는 어떤 방식으로든 답장을 쓰지 않을 수 없었고, 수녀님의 글을 통해 마음의 위로와 사랑을 듬뿍 느낄 수 있었다.

수녀님을 내가 유독 좋아했던 것은 수도사로서의 근엄성에 있지 않았다. 끊임없이 이야기를 통해 수녀님의 마음의 세계를 풀어 내셨다. 수녀님은 사실 수녀가 되기보다 여성비행사나 배우지망생이었음을 털어놓으시기도 하셨다. 그 이야기를 듣는 순간 나는 순식간에 수녀님의 꿈에

동화되었다. 어둡고 규율에 맞춰 사는 수녀님이 아니라, 두 날개를 달고 마음껏 하늘을 날라 다니거나, 온갖 희로애락을 맘껏 연기하는 영혼의 소유자, 지상에서 가장 자유로운 인간 수녀님을 연상했던 것이다.

수녀님은 자신이 수녀가 되기 전 자신의 꿈 이야기를 하신 적도 있었다. 꿈 속에 누군가가 밀가루 여러 포대를 건네주었는데, 그것을 곧바로 어려운 분들께 남김없이 나누어주셨다는 것이다. 실제로 수녀님은 6·25 전쟁 시기에 미군에게서 받은 담요나 먹거리 등의 보급품을 왜관과 상주 사람들에게 공급하셨던 모양이다. 당시 춥고 굶주림에 시달렸던 사람들을 한 곳에 모아 함께 숙식을 해결해 주신 점 등, 실제로 도움을 받은 분들이 수기를 통해 당시의 고마움을 전하기도 했다. 이러한 이야기들은 수녀님의 삶을 반추하게 만들었고, 우리 가족에게 불교 이외의 종교, 천주교의 불씨를 가장 자연스러운 사랑의 형태로 생각하고 실천하게 만들었다. 윤수녀님의 삶의 모습은 자신의 운명을 남편의 사랑에 의지해 맡기고 살아가는 수동적 여성상이 아니라, 하느님에 대한 믿음과 사랑을 단독자적 인간으로서 당당하게 최선을 다하는 의지의 인간으로 비추어졌다. 그 덕에 나는 미션스쿨을 6년간이나 다니면서 예배도, 기도 하는 법도 많이 배웠지만, 20대 후반에서야 천주교인이 되어 부족하나마 신앙심을 지켜가고 있다. 지금은 어떤 종교난에도 천주교라고 확실하게 기입한다.

형상의 진동 가운데 오로지 사랑하라, 전환점만을.

- 라이너 마리아 릴케 -

성북동 15

　부모님과 함께 온 가족이 성북동에서 살던 기간은 20년, 내가 살았던 기간은 15년, 중학교 2학년 가을까지였다. 6·25 전쟁 이후 우리 가족은 성북동의 좁은 한옥에서 서로 얼굴을 맞대고 먹거리와 건강을 챙겨가며 오손도손 살았다. 그 곳에서 큰오빠가 혼례를 치르고, 함께 살던 사촌 오빠도 결혼해서 떠났지만, 나머지 가족들은 조부모님이 농사지어 보내주신 쌀과 사과를 친척들과 이웃과 함께 넉넉하게 나누어 먹었다. 그 후 우리 가족은 성북동집과는 비교할 수 없을 만큼 큰 규모의 동숭동 총장 공관으로 이사를 갔다. 성북동 집은 아빠의 비서실장이 몇 년간 살다가, 팔아서 셋째 아빠와 나누어 가졌다. 언제나 아빠에게 말없이 순종하시던 엄마가 그때 얼굴을 붉히시며 화를 내시던 모습이 아직도 눈에 선하다. 그 후 우리 가족은 여러 곳으로 이사를 다녔지만 성북동에 머문 기간만큼 길지 않았다.

　맏아들인 아빠는 우리 집 가족뿐만 아니라, 동생분들 가족까지 심신을 다해 보살피셔야 했다. 아빠는 당시 시대적 상황에서 새벽마다 조부님께 안부 전화를 드려 대가족의 안위를 보고 드려야 했고, 엄마는 귀한 음식이 있으면 늘 장농 위에 올려 놓으셨다가 제사 때 쓰거나 조부모님에게 먼저 드려야 한다고 말씀하셨다. 당시 교수들의 박봉에도 불구하고 아빠가 좋아하시는 열띤 책쓰기와 강의를 계속할 수 있었던 것은 오로지 조부모님의 헌신적인 사랑과 재력 덕분이었다.

조부님이 돌아가시자, 한 달만에 맏아들인 아빠도 학교 일에, 집안 일에 시달리시다가 뇌출혈로 쓰러지셨다. 그 후 만 4년을 병상에서 지내시다가 임종하셨다. 오빠들의 정성스런 순번제 간병과 가족 모두의 한마음 정성에도 아무 소용이 없었다. 아직도 나는 그 꿈을 잊지 못한다. 아빠가 임종하시기 이틀 전 밤이었다. 꿈인지 생시인지 내가 침대에 자고 있었는데, 걷지도, 말씀도 못하시던 아빠가 하얀 두루마기를 입으시고, 아주 환한 모습으로 내 방 문을 열고 들어오셨다. 나는 얼떨결에 침대에서 일어났다. 아빠가 내 곁에 앉으시고, 나도 그 옆에 나란히 앉았다. 아빠가 말씀하셨다. "연숙아 이제 가야겠다." 나는 "아 네!" 하고 대답했다. 그러나 그 순간 내 대답이 입 밖으로 흘러 나왔는지, 아니면 입도 뻥끗 못했는지 지금도 정확하게 알 수가 없다. 만 4년 동안 걷지도 못하시고, 말씀도 못하시던 아빠가 내 곁까지 걸어 오셔서 말씀을 하시니, 얼떨결에 나는 "네."라고 대답했으리라. 나는 그 대답으로 인해 아빠의 사후 한동안 죄책감에 몹시 시달려야 했다. 아빠는 그 말씀을 하시고 일어나셔서 홀가분하게 걸어 떠나셨다. 문이 어디 있었는지는 나도 기억할 수 없다. 그러나 나는 그때 아빠의 생전 모습 가운데 가장 훤하고 밝은 모습을 보았다. 아빠는 그 다음날 서울대 병원 응급실로 가셨고, 하루를 넘기시고 다음날 새벽에 병실에서 돌아가셨다. 간병인이 있었지만, 잠시 나간 사이에 아빠는 내 곁에서 숨을 거두셨다. 바로 당신의 생신날이었다. 새벽 두 시. 나는 그 순간 온 몸이 사시나무처럼 마구 떨려 아무 말도 할 수 없었고, 간호사에게 정신없이 달려갔다.

　엄마의 임종도 병원 응급실에서였다. 응급실 밖 의자에 친척들이 몇 분 앉아 있었지만, 내가 엄마 곁에 앉아 엄마 손을 만지고 엄마를 부르자, 대답은 하시는 듯했는데, 내게는 아무 소리도 들리지 않았고, 수를 다하시고, 먼 길 떠나시는 듯, 평온한 모습이셨다. 누군가가 엄마 옆에서 엄마가 좋아하는 반야심경을 읽어드리는 듯했다. 엄마는 돌아가시기 전까지 꿈 속에서는 늘 친정집에 가신다고 말씀하셨다. 돌밭 관터마을 묵헌 11대 종녀인 엄마, 평생을 그리워하시던 친정집, 분명 49칸 짜리 종택으로 가신 다음, 늘 자신을 데리고 가기를 기다리셨던 아빠의 곁으로 가셨을 것이다. 아빠의 사후 만 21년을 조금 넘긴 초여름 날이었다.

성북동에 함께 살던 분들 가운데 많은 사람들이 세상을 떠났다. 성북동 집을 다녀갔던 친척, 지인들도 저 세상 사람이 되신 분들이 많다. 그런데 아직 생존해 계신다는 소식을 접하면 반갑기 그지없다. 나는 사실 아들들에게 유언장을 써둔 지 오래되었다. 그러다가 내가 오랜 직장생활 때문에 아이들에게 가족사나 개인사 등 대화를 거의 나누지 못했다는 생각이 문득 들게 되었다. 못 다했던 이야기들이 너무 많았다. 이렇게라도 일부 전해주고 싶다.

아빠가 어느 날 이런 말씀을 하셨다.

> "어느 농부가 애써 농사를 지어 아들을 일본으로 유학을 보냈거든. 아들은 일본에서 철학 공부를 하게 되었어. 그런데 아들이 방학이라고 아버지 집에 돌아와서 아버지에게 뭐라고 했는 줄 알아? 글쎄, "아버지 왜 날 낳으셨소?" 했다는 거야!"

철없던 막내딸도 이제 나이를 먹어 내 아이들과 후손들에게 할 말, 안 할 말을 생각하게 되었다. 나의 후손들도 내 모습을 볼 수 없을 날이 올 것이다. 그들은 오류투성이, 팔불출 인생을 어떻게 평가할 것인가? 괴테는 '오류가 대가를 만든다'고 역설했는데, 나는 내가 대가가 되기보다, '모든 존재는 결코 흔적없이 사라지지 않는다'는 그의 시구에 방점을 찍고 싶다. 존재 자체를 행복하게 누리는 것은 전적으로 본인 스스로에게 맡겨진 것이 아니겠는가? 이제사 비로소 막내딸이 들에 핀 야생화가 각자 자신의 삶을 다하고 간다는 것을 눈으로, 손으로, 몸으로 익혀가고 있다. 곧 내 사랑의 눈길도 열리리라 나는 두 손을 모아 합장해 본다.

    Und die Lieb' auch heftet fleiBig die Augen,
    Was bleibet aber, stiften die Dichter.
    그리고, 사랑도 두 눈을 부지런히 사로잡으니,
    남겨진 것은 시인들이 짓는구나.

    - 횔덜린의 시 「회상」 마지막 시구에서 -

그 깊고 기대 가득 한 어린 시절
- 라이너 마리아 릴케 -

마지막에는...

아이였을 적
내가 구해준
나비 모두
달팽이 모두
거미 모두
모기 모두
바퀴벌레 모두
지렁이 모두
내 장례식에 와
울리라고.

내가 구해준 것은
더 이상 죽지 않고
내가 묻힐 때
오리라고

내가 커서야 비로소

알게 된 것,

그건 바보 생각이라는 것

누구도 오지 않을 것이고

내가 보다 오래 산다는 것

이제 나이를 먹어

생긴 질문 한 가지, 내가 만일 그들을

죽는 마지막 순간까지 구해준다면

오지 않을까?

아마 둘 또는 셋쯤은...

- 에리히 프리트 -

펴낸 날 2025년 8월 1일
펴낸 이 최연숙
펴낸 곳 도서출판 다니엘123
서울특별시 중구 퇴계로 31길 3, 203호
전화 (02)2265-1898 e-mail : hyunco431@naver.com

ISBN 978-89-97788-65-1

정가 15,000

Copyright 2025. 최연숙. All rights reserved.

* 잘못 만들어진 책은 바꿔 드립니다.